10 DIAS NO MANICÔMIO

10 dias no manicômio

NELLIE BLY

MEIA AZUL

Bas-bleu ("meias azuis", em tradução livre): antiga expressão pejorativa para desdenhar de mulheres escritoras, que ousassem expressar suas ideias e contar suas histórias em um ambiente dominado pelos homens. Com a **COLEÇÃO MEIA-AZUL**, voltada para narrativas de mulheres, a Ímã Editorial quer reconhecer e ampliar a voz dessas desbravadoras.

9. *Prefácio de Daniela Arbex*
13. *Apresentação da editora*

21. Introdução
23. Uma missão delicada
29. Preparação para a difícil prova
33. Dentro do lar temporário para mulheres
51. Juiz Duffy e a polícia
65. Declarada louca
71. No hospital Bellevue
89. O objetivo em vista
99. Dentro do manicômio
107. Um especialista(?) no trabalho
113. O primeiro jantar
119. No banho
135. Passeio com mulheres loucas
147. Estrangulamento e espancamento de pacientes
155. Histórias de infortúnio
171. Incidentes no dia a dia de um manicômio
177. O último adeus
185. A investigação do grande júri

195. *O enigma das garotas*

Prefácio

*Que lugar é este, perguntei ao homem
que tinha seus dedos afundados na carne
do meu braço. Ilha Blackwell — ele
respondeu — um lugar para loucos,
de onde você nunca mais vai sair.*

O diálogo acima foi travado em 1887 entre Nellie Bly e um dos enfermeiros/carrascos que ela encontrou no caminho para o "Asilo de Mulheres Lunáticas", o primeiro manicômio das Américas, inaugurado quase 50 anos antes na cidade de Nova York.

Aos 23 anos, a jornalista americana escreveu seu nome na história (ou melhor, seu pseudônimo, visto que se chamava de fato Elizabeth Cochrane Seaman) após sentir na pele as violações de direitos impostas a pessoas consideradas em sofrimento psíquico. Para viver a experiência, Bly se fez passar por louca, revelando as vulnerabilidades de um sistema de atendimento que foi criado justamente para alimentar o estigma da doença mental.

Apesar de plenamente sã, ela conseguiu convencer médicos experientes e até um juiz a decretarem-na louca. Ao invés de procurarem alguma pista sobre seu passado, os "donos da razão" não hesitaram em despachá-la para a ilha. Nem mesmo a dúvida que pairava sobre sua real enfermidade foi suficiente para garantir um destino diferente ao da exclusão. Não demorou muito para a então "paciente" descobrir que o local confiscava a dignidade humana das mulheres a quem se propunha cuidar.

No manicômio, a jovem repórter do *The World*, jornal dirigido pelo famoso editor Joseph Pulitzer, entendeu que o asilo tinha uma única finalidade: manter entre seus muros todas as indesejáveis sociais. Loucas ou não — muitas pacientes eram apenas imigrantes que não dominavam o inglês —, elas encontravam no asilo um lugar de silenciamento. A instituição, na verdade, existia para proteger os chamados "normais" daqueles que, por convenção, foram transformados em escória.

O impressionante relato dos dez piores dias da vida de Bly — que incluíram castigos físicos e violência psicológica — vai além de um testemunho pessoal. A potência dessa obra está justamente na atualidade da sua denúncia. A reportagem expõe uma lógica manicomial cruel que segue fazendo milhões de vítimas ao redor do mundo.

Ao escrever sobre a loucura, Bly fala em nome de todas as pessoas que tiveram o direito básico ao cuidado em liberdade negligenciado. O fato é que aprisionar e excluir os diferentes revela muito mais sobre uma cultura que ainda dialoga com o higienismo do que propriamente sobre os considerados insanos.

Pioneira do jornalismo investigativo, a repórter que manteve seu pseudônimo ao longo da carreira conseguiu lançar luz sobre a invisibilidade imposta aos loucos e às próprias mulheres.

Apesar de dois séculos terem se passado desde a publicação do trabalho de Bly, a reportagem dela continua colocando em xeque práticas que até hoje não se propõem a tratar, mas a punir.

Feminista, Bly também teve um papel fundamental na conquista de direitos civis das americanas, como o direito ao voto em 1920. Suas ideias, muito a frente do seu tempo, iluminaram o caminho para que chegássemos até aqui. Bly não é apenas sinônimo de coragem. Sua trajetória extraordinária é fonte de inspiração dos que seguem lutando na construção de uma sociedade mais justa, solidária e humana.<<<<<<

DANIELA ARBEX

Jornalista investigativa, publicou *Holocausto Brasileiro* (2013), denunciando os maus-tratos e a morte de mais de 60 mil brasileiros, entre doentes mentais e "indesejados" políticos e sociais, na Colônia Psiquiátrica de Barbacena, Minas Gerais. É também autora das reportagens *Cova 312* (2015), *Todo dia a mesma noite* (2017) e *Os dois mundos de Isabel* (2020).

Apresentação da editora

Nellie Bly, pseudônimo de Elizabeth Cochrane Seaman (Pensilvânia, 1864-1922), foi uma jornalista norte-americana e uma das primeiras repórteres investigativas numa época em que o trabalho de escritora era ainda menos valorizado e considerava-se inapropriado que uma mulher assinasse seu nome real em uma matéria.

Em 1880, após ler o artigo "Para que servem as garotas?", que depreciava a empregabilidade das mulheres e alegava que elas deveriam continuar tendo filhos e cuidando da casa, Nellie enviou uma resposta ao jornal *The Pittsburgh Dispatch* assinando como "Órfã solitária". O editor, impressionado com a carta incisiva e muito bem escrita, colocou um anúncio no jornal pedindo que a autora se revelasse. Quando Nellie se apresentou ao editor, ele lhe ofereceu uma oportunidade de integrar sua equipe de jornalistas. (A carta de Nellie Bly ao jornal, *The Girl Puzzle*, está reproduzida no apêndice desta edição.)

Para aquele jornal escreveu artigos sobre divórcio e casamento, trabalho das mulheres operárias e outros temas atinentes à mulher, aos direitos humanos e à discriminação — todos temas que "incomodavam" os leitores. Em represália, ficou confinada a escrever artigos sobre moda e sociedade.

Inconformada, mudou-se para Nova York, em 1887. Após sucessivos esforços e sem dinheiro, procurou a redação do jornal *The World*, chefiado pelo famoso editor Joseph Pulitzer, e acabou sendo contratada.

Uma de suas primeiras tarefas nesse jornal foi escrever um artigo detalhando as experiências sofridas pelas pacientes da instituição mental da Ilha de Blackwell (atual Ilha Roosevelt), na cidade de Nova York. Havia rumores de corrupção e abuso, mas ninguém até então tinha sido capaz de confirmar. Para investigar as denúncias sobre as condições do local, Nellie fingiu ser uma paciente e conseguiu ser internada por dez dias, quando pôde ver em primeira mão como era o tratamento dado às pacientes na instituição.

Percebeu que muitas mulheres saudáveis eram levadas para lá, entre elas imigrantes que não dominavam a língua inglesa e mulheres pobres, além daquelas com doenças mentais ou as que, por variados motivos, a sociedade ou as famílias desejavam excluir do convívio social. Nellie começou a questionar os diagnósticos médicos e o que definia uma mulher ser sã numa sociedade xenófoba, misógina e que reprimia a sexualidade feminina. Nesse contexto, o asilo fazia as vezes de depósito de pessoas indesejadas.

O artigo — que deu origem a este livro —, publicado logo após sua libertação, alcançou enorme sucesso e lançou luz sobre uma série de situações perturbadoras, incluindo condições higiênicas, negligência médica e abuso físico e todos os horrores daquela instituição, com seus mais terríveis tratamentos, provocando uma ampla investigação que fez a cidade de Nova York despender mais recursos para o cuidado dos doentes mentais.

Nellie Bly assinou várias outras matérias denunciando situações de desigualdade social, corrupção e até mesmo tráfico de bebês. Para além da carreira jornalística, Nellie ficou mundialmente famosa como a primeira mulher a cruzar sozinha o mundo em 72 dias, numa tentativa de recriar a viagem fictícia de Júlio Verne, levando apenas uma pequena mala de mão, um único casaco de inverno e a roupa do corpo.

Casou-se em 1895 com um rico industrial e, com a morte do marido, em 1904, assumiu os negócios. Empreendedora, introduziu processos mais modernos e mais eficientes, criando e patenteando produtos para a indústria, e colocou em prática reformas sociais na empresa. Ela se preocupava com o bem-estar dos funcionários, mas não com as finanças, que deixava nas mãos dos "homens de confiança". Após diversas fraudes, esses mesmos homens, um deles seu irmão, levaram a empresa à falência. Algum tempo depois de se aposentar do jornalismo, Nellie teve que voltar à atividade e atuou como correspondente na Primeira Guerra.

Em 1913, cobriu a manifestação pelo sufrágio feminino e em seu artigo previu que antes de

1920 ainda haveria estados da federação negando o direito do voto às mulheres. Nellie Bly estava certa: levaria ainda mais sete anos até que as mulheres conquistassem o pleno direito como eleitoras nos Estados Unidos.

Ela continuou trabalhando até o final da vida, morrendo de pneumonia em 1922. Sua luta pelas mulheres e por uma sociedade mais igualitária e humana não foi esquecida. Ainda hoje suas realizações são lembradas e Nellie está na galeria das grandes norte-americanas. Não somente uma mulher à frente do seu tempo, mas uma que fez, com coragem e talento, seu tempo avançar.

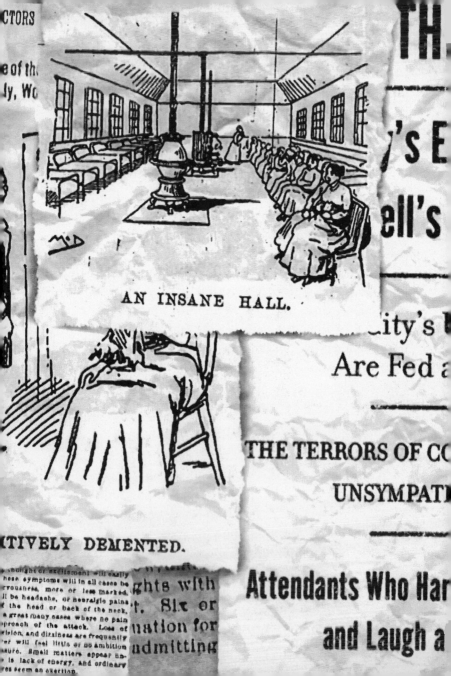

AN INSANE HALL.

MADHOUSE

erience in the
and Asylum.

OMAN.

for the

CALICO.

Story of
rl."

experiences of t
Nellie Bly, who an
y deceiving the do

of the World's
Would Indic

Troubles

Fortun
Treat

BATHS
IC NUR

and A
eir Mis

NELLIE PRACTICES INSANITY AT HO

INTRODUÇÃO

Desde que minhas experiências no Asilo para Insanos da Ilha de Blackwell foram publicadas no *The World*, tenho recebido centenas de cartas a esse respeito. A edição que contém minha história já se esgotou há muito tempo, e fui consultada para permitir que fosse publicada em forma de livro, a fim de satisfazer às centenas que ainda pediam por exemplares.

Fico feliz em poder declarar, como consequência da minha estada no asilo e das denúncias resultantes, que a cidade de Nova York destinou, como jamais fizera, um milhão de dólares a mais por ano para os cuidados dos insanos. Portanto tenho pelo menos a satisfação de saber que essas pobres infelizes serão mais bem cuidadas por causa do meu trabalho.

CAPÍTULO I
UMA MISSÃO DELICADA

Em 22 de setembro fui consultada pelo *The World* se poderia me internar em um dos manicômios em Nova York com o objetivo de escrever uma narrativa clara e sem floreios sobre o tratamento dos pacientes, os métodos da direção etc.

Se eu achava que tinha coragem de passar pelas provações que tal missão exigiria? Será que conseguiria assumir as características de insanidade a tal ponto que conseguiria passar pelos doutores, viver por uma semana entre as loucas sem que as autoridades do lugar descobrissem que eu era apenas uma "garota tomando notas"? Respondi que sim, conseguiria. Tinha alguma fé nas minhas habilidades como atriz e achava que poderia assumir a insanidade tempo suficiente para cumprir qualquer missão que me fosse confiada. Se eu conseguiria passar uma semana na ala das loucas da Ilha de Blackwell? Disse que poderia e que iria. E foi o que fiz.

Minhas instruções foram simplesmente para iniciar o trabalho tão logo me sentisse pronta. Deveria narrar fielmente as experiências pelas quais passasse, e quando tivesse transposto os muros do asilo, descrever seu funcionamento interno, que era sempre tão eficientemente ocultado do conhecimento do público, tanto pelas enfermeiras de touca branca quanto por ferrolhos e trancas. "Não lhe estamos pedindo para ir com o propósito de fazer revelações sensacionalistas. Escreva sobre o que encontrar por lá, seja bom ou mau; elogie ou acuse como achar melhor e diga a verdade o tempo todo. Só tenho medo é desse seu sorriso crônico", disse o editor. "Não vou sorrir mais", falei, e saí para executar minha delicada e, como descobri, difícil missão.

Se eu lograsse entrar no asilo, o que eu achava muito difícil, não fazia ideia de que minhas experiências conteriam mais do que um simples relato da vida naquele local. Que tal instituição pudesse ser mal administrada e que crueldades pudessem existir sob seu teto, não julguei ser possível. Eu sempre tive desejo de conhecer a vida em um manicômio mais profundamente, um desejo de constatar se a mais desamparada das criaturas de Deus, o louco, é cuidado de maneira gentil e adequada. Li muitas histórias de abusos em tais instituições, mas as considerava extremamente exageradas ou romanceadas, ainda que houvesse o desejo latente de as conferir por mim mesma.

Estremeci ao pensar como as loucas estavam tão completamente à mercê de seus guardiões, e como alguém poderia chorar e implorar pela liberdade, o que de nada adiantaria, se os guardiões assim o decidisse. Determinada, aceitei a missão de entender o funcionamento interno do Asilo de Insanos da Ilha de Blackwell.

— Como vão me tirar de lá — perguntei ao meu editor — depois que eu conseguir entrar?

— Não sei ainda — ele respondeu —, só não poderemos fazer isso contando-lhes quem você é e por qual propósito fingiu loucura. Entre e nós veremos como tirá-la de lá.

Tinha pouca confiança na minha habilidade de enganar especialistas em insanidade, e acho que meu editor tinha ainda menos.

Todos os preparativos para minha provação foram deixados por minha conta. Somente uma coisa foi decidida *a priori*: que eu deveria me passar pelo pseudônimo de Nellie Brown, cujas iniciais eram as mesmas do meu nome[1] e estavam nas minhas roupas, de modo que não houvesse dificuldade em manter o controle de meus movimentos e em me ajudar em quaisquer dificuldades ou perigos que pudessem me envolver. Havia maneiras de entrar no hospital, mas eu não as conhecia. Poderia adotar um de dois caminhos: simular loucura na casa de amigos e ser internada com a prescrição de dois médicos competentes

---

[1] *O nome da autora, na verdade, era Elizabeth Cochrane. À época, o costume para as raras mulheres jornalistas era usar um pseudônimo. "Nellie Bly" foi escolhido por seu primeiro editor, a partir de uma canção folclórica dos Estados Unidos.*

ou poderia alcançar meu objetivo por meio da polícia e do tribunal.

Refletindo, achei mais sensato não envolver meus amigos ou pedir que médicos de boa índole me ajudassem nesse propósito. Além disso, para chegar à Ilha de Blackwell meus amigos teriam que fingir pobreza e, infelizmente, para os fins que eu tinha em vista, meu conhecimento sobre os pobres, à exceção de eu mesma, era muito superficial. Então resolvi ir em direção ao plano que me levaria ao sucesso da missão. Consegui que me internassem no manicômio da Ilha de Blackwell, onde passei dez dias e dez noites e onde tive uma experiência que nunca será esquecida.

Assumi a tarefa de representar o papel de uma pobre e desgraçada louca, e tomei como um dever não me esquivar de nenhuma das desagradáveis consequências que viriam a seguir. Tornei-me uma das loucas sob a guarda da prefeitura naquele período, passei por muitas experiências, e vi e ouvi mais sobre o tratamento concedido a essa classe indefesa de nossa população e, quando eu já tinha visto e ouvido o suficiente, minha soltura foi prontamente assegurada. Deixei o asilo com prazer e arrependimento — prazer por poder desfrutar mais uma vez o ar livre; arrependimento por não poder trazer comigo algumas das mulheres infelizes que lá viveram e sofreram comigo, e que, estou convencida, são tão sãs quanto eu era e ainda sou.

Mas, sobre essa questão, permitam-me dizer uma coisa: desde o momento que entrei no manicômio não fiz nenhuma tentativa de manter o papel assumido de insanidade. Conversei e agi exatamente como eu faço na vida habitual. Ainda que seja estranho dizer isso, mas quanto mais sã eu parecia ao conversar e agir, mais louca eu era considerada por todos, exceto por um médico, cujas maneiras bondosas e gentis eu não esquecerei tão cedo.

CAPÍTULO II
PREPARAÇÃO PARA A DIFÍCIL PROVA

Retornando ao meu trabalho e à minha missão: depois de receber as instruções voltei à minha pensão. À noite comecei a praticar o papel no qual estava prestes a fazer meu *début* na manhã seguinte. Que tarefa difícil, pensei, apresentar-me diante de um bando de pessoas e convencê-las de que era louca. Nunca na minha vida havia estado perto de pessoas loucas, e não tinha a menor ideia de como elas agiam. Imagine ser examinada por vários médicos experientes que fazem da loucura sua especialidade e que diariamente entram em contato com loucos! Como poderia passar por tais doutores e convencê-los de que era louca?

Temi não conseguir enganá-los. Comecei a achar que a tarefa era impossível, mas tinha que ser feita. Então corri para o espelho e examinei meu rosto. Lembrei-me de tudo que havia lido sobre o comportamento dos loucos, como, primeiro de tudo, deles terem o olhar fixo; arregalei os olhos tanto quanto pude e encarei sem piscar o meu reflexo. Garanto-lhes que a visão não era reconfortante, nem para mim mesma, principalmente na calada da noite. Aumentei a iluminação para ver se isso me daria mais coragem. Consegui apenas parcialmente, mas me consolei com o pensamento de que em mais algumas noites eu não estaria na pensão, mas trancafiada em uma cela cheia de lunáticas.

Não fazia um tempo frio, no entanto, quando pensava no que estava por vir, calafrios invernais corriam pelas minhas costas, zombando da transpiração que estava lenta, mas certamente desfazendo os cachos da minha franja. Nos intervalos entre praticar diante do espelho e imaginar meu futuro como uma louca, li trechos improváveis e impossíveis de histórias de fantasmas, de modo que, quando a alvorada veio para afugentar a noite, senti que estava pronta para a missão, mas com fome o suficiente para desejar muito o desjejum. Lenta e tristemente tomei meu banho matinal e me despedi silenciosamente de alguns dos artigos mais preciosos da civilização moderna. Com ternura, deixei a escova de dentes de lado e, ao tomar uma última esfregada do sabão, murmurei: "pode levar alguns dias, e pode levar... mais tempo". Depois, vesti as roupas velhas que havia selecionado para a ocasião. Tenho a tendência de olhar tudo através de lentes muito solenes. É quase como dar um último "olhar carinhoso", pensei, pois quem poderia dizer que a tensão de atuar como louca e ficar presa junto com um monte de doentes mentais não poderia entortar meu cérebro e nunca mais me permitir sair. Mas nem uma vez pensei em me esquivar. Com calma, pelo menos aparente, segui para minha louca empreitada.

Em primeiro lugar cogitei que seria melhor ir à uma pensão e, depois de conseguir a hospedagem e confidenciar à senhoria ou ao senhorio, o que quer que fosse, que eu estava procurando trabalho, poucos dias depois eu enlouqueceria. Quando pensei melhor sobre a ideia, temi que demorasse muito tempo para amadurecer. De repente passou pela minha cabeça como seria mais fácil me hospedar em uma pensão exclusiva para trabalhadoras. Sabia que, uma vez que fizesse uma casa cheia de mulheres acreditar que eu era louca, elas nunca descansariam até que eu estivesse fora dali, em um recinto seguro.

Numa lista de endereços, selecionei o "Lar Temporário para Mulheres", no número 84 da Segunda Avenida. Enquanto descia a avenida eu estava determinada a, uma vez dentro do lar, fazer o melhor possível para começar minha jornada rumo ao manicômio da Ilha de Blackwell.

CAPÍTULO III
DENTRO DO LAR
TEMPORÁRIO PARA MULHERES

Estava prestes a começar minha vida como Nellie Brown, a louca. Ainda caminhando em direção ao lar temporário, tentei assumir o olhar sonhador que as donzelas têm nas gravuras. Expressões "alheias" dão uma aparência de loucura. Passei pelo pequeno quintal pavimentado até a entrada do lar. Puxei o sino, que soou tão alto quanto um carrilhão de igreja, e esperei nervosamente a abertura da porta do local de onde eu pretendia que logo me expulsassem e me deixassem à mercê da polícia. A porta foi escancarada, e uma garota baixa, de cabelos amarelos, com uns treze verões, colocou-se diante de mim.

— A matrona está? — perguntei com uma voz fraca.

— Sim, está, mas está ocupada. Vá para o salão nos fundos — respondeu a garota em voz alta, sem quaisquer mudanças em seu rosto particularmente amadurecido.

Segui suas instruções não muito gentis ou educadas e me dirigi ao salão escuro e desconfortável nos fundos, onde aguardei pela dona da pensão. Estava sentada havia já uns vinte minutos pelo menos, quando uma mulher esguia, trajando um vestido liso e preto entrou, e parando diante de mim, exclamou inquisitivamente:

— Bem...?

— A senhora é a matrona? — perguntei.

— Não — respondeu — a matrona está doente; sou a assistente. O que você quer?

— Quero ficar aqui por alguns dias, se puder me acomodar.

— Bem, já não temos quartos individuais, estamos lotadas; mas se quiser ocupar um quarto com outra garota, farei isso por você.

— Ficarei muito agradecida — respondi. — Quanto vocês cobram?

Tinha trazido comigo apenas uns setenta centavos, sabendo muito bem que quanto mais cedo meus recursos se exaurissem, mais cedo seria posta para fora, e ser posta para fora era o que eu queria.

— Cobramos trinta centavos por noite — foi sua resposta à minha pergunta, e com isso lhe paguei uma noite de alojamento, e ela me deixou, alegando ter outras coisas para cuidar.

Deixada para me virar por conta própria, fui investigar o ambiente, que não era muito alegre, para dizer o mínimo: guarda-roupa, mesa, estante, órgão e várias cadeiras completavam o mobiliário da sala, na qual a luz do dia mal chegava.

Quando já tinha me familiarizado com meus aposentos, um sino, que rivalizava com o da porta em sonoridade, começou a tocar no porão e, simultaneamente, mulheres desceram em magotes de todas as partes da casa. Imaginei, pelo óbvio sinal, que o jantar estava servido, mas como ninguém havia me dito nada, não fiz esforço para ingressar no trem da fome. Ainda desejava que alguém me convidasse para descer. Sempre dá uma sensação de solidão e saudades de casa saber que outras pessoas estão comendo e que não temos a oportunidade de fazê-lo, mesmo quando não estamos com fome. Fiquei feliz quando a assistente da matrona veio me perguntar se eu não queria comer algo. Respondi que sim, e então perguntei-lhe seu nome. "Senhora Stanard", ela respondeu, e imediatamente escrevi num caderno que trazia para fazer anotações, e onde escrevi várias páginas de garranchos sem sentido para cientistas que viessem bisbilhotar.

Assim equipada, esperei pelos desdobramentos. Mas o jantar... Bem, segui a senhora Stanard pelas escadas sem tapete até o porão, onde um grande número de mulheres estava comendo. Ela achou um lugar para mim na mesa com três outras mulheres. A serviçal de cabelos curtos que havia aberto a porta agora fazia as vezes de garçonete. Apoiando as mãos nos quadris e me encarando, ela disse:

— Carneiro cozido, bife cozido, feijão, batata, café ou chá?

— Bife, batata, café e pão — respondi.

— Já vem com pão — explicou, enquanto caminhava para a cozinha, que ficava na parte de trás.

Não demorou muito para que voltasse com o que eu havia pedido em uma bandeja grande e maltratada, a qual jogou na minha frente. Comecei minha refeição simples. Não era muito apetitosa, então, enquanto fingia comer, fiquei a observar as outras.

Muitas vezes ponderei sobre as formas repulsivas que a caridade assume. Eis aqui um lar para mulheres merecedoras e, porém, que piada esse nome. O chão era nu, e as pequenas mesas de madeira ignoravam sublimemente qualquer embelezamento moderno, tais como verniz, polimento ou panos. É inútil falar sobre o preço das toalhas de mesa e seu efeito na civilização. No entanto essas trabalhadoras honestas, as mais merecedoras das mulheres, são obrigadas a chamar esse foco de esterilidade de "lar".

Quando a refeição terminou, cada mulher foi até a mesa no canto, onde a senhora Stanard se sentava, e pagou sua conta. A peça original de humanidade em forma de garçonete me apresentou um talão vermelho, muito usado e surrado. Minha conta foi de trinta centavos.

Depois do jantar, subi as escadas e voltei ao meu antigo lugar no salão dos fundos. Eu estava desconfortável e com frio, e tinha decidido que não poderia suportar isso por muito tempo, então quanto mais cedo eu assumisse meus sinais de insanidade, mais cedo seria libertada da ociosidade forçada daquele lugar. Ah, esse foi certamente o dia mais longo da minha vida.

Eu assisti apática às mulheres no salão da frente, onde todas estavam sentadas, menos eu. Uma delas não fazia nada além de ler e coçar a cabeça, e ocasionalmente chamava suavemente "Georgie", sem tirar os olhos do livro. "Georgie" era seu agitado filho, que fazia mais barulho do que qualquer outra criança que eu já tinha visto. Era grosseiro e selvagem, e a mãe não dizia uma palavra, a menos que ouvisse alguém gritar com ele. Outra mulher sempre caía no sono e acordava com os próprios roncos. Senti-me maliciosamente grata por ser ela a única a acordar a si mesma. A maioria das mulheres sentava-se sem fazer nada, mas algumas poucas faziam rendas e costuravam incessantemente. O enorme sino da porta parecia tocar o tempo todo, e lá ia a garota de cabelos curtos. Essa daí era, além disso, uma daquelas garotas que canta o tempo todo trechos de todas as músicas e hinos compostos nos últimos cinquenta anos. É uma forma moderna de martírio. O toque do sino trouxe mais pessoas que queriam abrigo durante a noite. Com exceção de uma mulher do interior que estava em uma excursão de compras, eram trabalhadoras, algumas delas com filhos.

Enquanto se aproximava a noite, a senhora Stanard veio até mim e disse:

— O que há de errado com você? Tem alguma tristeza ou problema?

— Não — eu disse, quase surpreendida com a sugestão. — Por quê?

— Ah, porque... — disse ela de um jeito feminino — posso ver isso em seu rosto. Conta a história de uma grande dificuldade.

— Sim, tudo é tão triste — murmurei de um modo desconjuntado que pretendia que refletisse minha loucura.

— Mas você não pode deixar que isso a aborreça. Todas nós temos problemas, mas eles se resolvem no seu tempo. Que tipo de trabalho está tentando conseguir?

— Não sei; é tudo tão triste — respondi.

— Gostaria de cuidar de crianças e usar um bonito gorro branco e um avental? — ela perguntou.

Coloquei minha echarpe no rosto para esconder meu sorriso, e respondi, com um tom abafado:

— Nunca trabalhei; não sei como fazer.

— Mas precisa aprender — ela insistiu—, todas as mulheres daqui trabalham.

— Trabalham? — disse num sussurro baixo e arrepiante. — Porque elas me parecem horríveis; como se fossem loucas. Tenho tanto medo delas.

— Elas não parecem lá muito agradáveis, respondeu ela, concordando —, mas são mulheres boas, honestas e trabalhadoras. Não hospedamos pessoas loucas aqui.

Novamente usei minha echarpe para esconder um sorriso, pois pensei que antes da manhã seguinte ela acharia pelo menos uma louca entre o seu rebanho.

— Todas parecem loucas — afirmei novamente —, e tenho medo delas. Existem tantas pessoas loucas, e nunca se pode dizer o que elas vão fazer. Depois, há tantos assassinatos sendo cometidos, e a polícia nunca captura os assassinos.

Terminei com um soluço que poderia desorientar uma plateia de críticos apáticos. Ela deu um sobressalto e vi que meu primeiro golpe acertou em cheio. Foi engraçado ver como levou um tempo admiravelmente curto para ela se levantar da cadeira e sussurrar apressadamente: "volto a conversar com você depois". Eu sabia que ela não voltaria, e não voltou.

Quando o carrilhão da ceia tocou, fui junto com as demais ao porão e participei da refeição, que foi similar ao jantar, exceto que a conta foi menor e que havia mais pessoas, mulheres que trabalhavam fora durante o dia e que haviam voltado. Após a ceia, fomos para os salões, onde havia mulheres sentadas ou em pé, pois não havia cadeiras suficientes para todo mundo.

Era uma noite miseravelmente solitária, e a luz que caía do desolado lampião da sala e da lamparina no corredor ajudavam a envolver-nos numa tonalidade sombria e a tingir nossos espíritos de uma vaga e profunda tristeza. Nessa atmosfera, não seriam necessárias muitas imersões para me deixar apta àquele lugar onde estava tentando chegar.

Avistei duas mulheres que pareciam, entre todas as outras, as mais sociáveis, e as selecionei como as que trabalhariam para minha salvação ou, mais apropriadamente, minha condenação e minha sentença. Desculpando-me e dizendo que estava me sentindo sozinha, perguntei se poderia me juntar a elas, que consentiram amistosamente. Ainda vestindo luva e chapéu, que ninguém havia me pedido para colocar de lado, sentei-me e escutei uma conversa bastante enfadonha, na qual não tomei parte, apenas mantive meu olhar triste, dizendo "sim", "não" ou "não sei dizer" às suas observações. Por vezes disse que achava que todas na casa pareciam loucas, mas elas demoraram a entender meu comentário. Uma disse que seu nome era senhora King e que vinha do sul. Falou que eu tinha um sotaque do sul e me perguntou sem rodeios se eu realmente não era de lá. "Sim", respondi. A outra mulher começou a conversar sobre os barcos para Boston e me perguntou se eu sabia a que horas eles partiam.

Por um momento, me esqueci do meu papel de louca, e disse a ela a hora correta da partida. Ela então perguntou que tipo de trabalho eu estava querendo fazer, ou se eu já havia trabalhado antes. Respondi que achava muito triste que houvesse tanta gente trabalhando no mundo. Ela respondeu que não tivera muita sorte e tinha vindo para Nova York, onde trabalhava na revisão de um dicionário médico por algum tempo, mas que sua saúde havia sucumbido à tarefa e que agora estava voltando para Boston. Quando a criada veio nos dizer para ir para a cama, comentei que estava com medo, e novamente arrisquei afirmar que todas as mulheres da casa pareciam loucas. Ela insistiu que eu fosse me deitar. Perguntei se não podia me sentar na escada, mas ela disse decisivamente: "não, assim todas na casa pensariam que você é louca". Finalmente consenti que elas me levassem para o quarto.

Aqui devo apresentar uma nova personagem na minha narrativa: a mulher que havia sido revisora e estava prestes a voltar para Boston, a senhora Caine, que era tão corajosa quanto bondosa. Ela entrou no meu quarto, sentou-se e conversou comigo por um longo tempo, passando a mão no meu cabelo de maneira gentil. Tentou me convencer a tirar a roupa e ir para a cama, mas teimosamente me recusei a fazê-lo. Durante esse período, várias residentes se reuniram ao nosso redor. "Pobre coitada!", algumas disseram. "Ora, o que ela é é louca!" "Tenho medo de ficar com uma louca assim em casa." "Ela vai matar a todas nós antes do amanhecer." Uma mulher opinou que deveriam chamar um policial para me levar embora imediatamente. Todas estavam em um estado terrível e real de medo.

Ninguém queria ser responsável por mim, e a mulher que estava ocupando o quarto comigo declarou que não queria ficar com uma "mulher louca" nem por todo o dinheiro dos Vanderbilt. Mas a senhora Caine disse que ficaria comigo. Disse-lhe que gostaria que ela fizesse isso. Então deixaram que ela ficasse; não tirou a roupa, mas se deitou na cama, atenta aos meus movimentos. Tentou me convencer a deitar, mas fiquei preocupada. Sabia que, se desse chance, cairia no sono e sonharia em paz como uma criança. Eu deveria, para usar uma expressão popular, "me fingir de morta". Havia me decidido a ficar acordada a noite toda. Assim insisti em sentar ao lado da cama e olhar para o vazio. Minha pobre companheira ficou em estado miserável de infelicidade. A cada momento ela se levantava para olhar para mim. Ela me dizia que meus olhos brilhavam terrivelmente e então começou um inquérito, perguntando onde eu morava, há quanto tempo eu estava em Nova York, o que eu vinha fazendo e muitas outras coisas. Para tudo o que perguntava, eu dava a mesma resposta: dizia que tinha esquecido tudo, que desde que minha dor de cabeça havia começado, não conseguia lembrar.

Pobre alma! Que cruel a maneira como a torturei, e que coração bondoso a senhora Caine tinha. Como eu torturei a todas! Uma delas sonhou comigo, teve um pesadelo. Depois de já estar no quarto por mais ou menos uma hora, fui eu mesma alarmada ao ouvir uma mulher gritando no quarto ao lado. Comecei a imaginar que estava realmente em um manicômio.

A senhora Caine acordou, olhou em volta, assustada, e ficou tentando escutar. Ela então saiu e entrou no quarto ao lado, e eu a ouvi fazendo algumas perguntas para a outra mulher. Quando voltou, me disse que a mulher tinha tido um pesadelo horrível e estava sonhando comigo. Ela me viu, dizia a senhora Caine, correndo em sua direção com uma faca na mão, com a intenção de matá-la. Ao tentar escapar de mim, ela felizmente conseguiu gritar e assim acordou e espantou seu pesadelo. Em seguida, a senhora Caine voltou a dormir, consideravelmente agitada, mas com muito sono.

Também estava cansada, mas me agarrei ao meu propósito, e estava determinada a me manter acordada por toda a noite a fim de continuar meu trabalho de passar-me por louca até o sucesso final pela manhã. Ouvi soar a meia-noite. Ainda tinha seis horas para esperar a luz do dia. O tempo passou com lentidão excruciante. Os minutos pareceram horas. Os ruídos na casa e lá fora na avenida cessaram.

Temendo que o sono me derrubasse, comecei a rever minha vida. Como tudo isso parece estranho! Um incidente, ainda que insignificante, é apenas um elo a mais para acorrentar-nos ao nosso imutável destino. Desde o início, vivi novamente a história da minha vida. Velhos amigos foram lembrados com uma emoção agradável; velhas inimizades, velhas mágoas, velhas alegrias estavam mais uma vez comigo. As páginas já passadas da minha vida foram reviradas e o passado estava presente.

Quando terminei, voltei meus pensamentos bravamente para o futuro, imaginando, primeiro, o que o dia seguinte traria; depois, fazendo planos para a execução do meu projeto. Perguntei-me se seria capaz de atravessar o rio até o objetivo de minha estranha ambição, de me tornar por fim uma detenta dos corredores habitados por minhas irmãs mentalmente arruinadas. Depois de entrar, qual seria lá minha experiência? E em seguida? Como sair? Ah!, pensei, eles vão dar um jeito de me tirar de lá.

Essa foi a mais longa noite da minha existência. Por algumas horas fiquei cara a cara com o "meu eu".

Olhei em direção à janela e saudei com alegria o tênue brilho da alvorada. A luz tornou-se forte e cinzenta, mas o silêncio era assustadoramente quieto. Minha companheira dormia. Eu ainda tinha uma ou duas horas para passar. Felizmente, encontrei algum emprego para minha atividade mental. Robert the Bruce,[2] em seu cativeiro, conseguiu ter confiança no futuro e passou o tempo de modo mais agradável, dadas as circunstâncias, observando a celebrada aranha construindo sua teia. Eu tinha bichos menos nobres para me distrair. No entanto acredito que fiz algumas descobertas valiosas em história

---

2   *Robert the Bruce, o rei Roberto I da Escócia, se refugiou numa caverna após perder uma batalha para a Inglaterra. A lenda diz que enquanto observava uma aranha tentar repetidamente tecer a teia, inspirou-se a perseverar na luta.*

natural. Estava prestes a adormecer, apesar de tudo, quando subitamente despertei. Pensei ter ouvido algo rastejar e cair sobre o cobertor com uma pisada quase inaudível.

Tive a oportunidade de estudar esses curiosos insetos muito minuciosamente. Eles tinham, é claro, vindo para o café da manhã, e ficaram um pouco desapontados ao descobrir que eu, seu prato principal, não estava lá. Correram para cima e para baixo no travesseiro, reuniram-se, parecendo manter conversas interessantes e agiram de diversas maneiras, como se estivessem intrigados com a ausência de um café da manhã apetitoso. Depois de uma longa discussão, eles finalmente desapareceram, procurando vítimas em outros lugares e deixando-me passar os longos minutos dando minha atenção às baratas, cujos tamanho e agilidade me surpreenderam.

Minha companheira de quarto dormia profundamente fazia um longo tempo, mas então despertou e expressou surpresa ao me ver ainda acordada e aparentemente tão desperta quanto uma coruja. A senhora Caine estava mais solidária do que nunca. Veio até mim, pegou minhas mãos e fez o possível para me consolar; perguntou se eu não queria ir para casa. Ela me manteve no quarto até quase todo mundo sair de casa e depois me levou até o porão para tomar um café com pão. Depois de comer em silêncio, voltei para o quarto, onde permaneci sentada e com a cara emburrada. A senhora Caine ficou cada vez mais ansiosa.

— O que vamos fazer? — ela perguntava. — Onde estão seus amigos?

— Não — respondi —, não tenho amigos, mas tenho alguns baús. Onde eles estão? Eu quero meus baús.

A boa mulher tentou me acalmar, dizendo que eles seriam encontrados no devido tempo. Ela acreditava que eu era louca.

Ainda assim a perdoo. Somente quando se passa por dificuldades é que se percebe a falta de consideração e bondade que existe no mundo. As mulheres do lar que não tinham medo de mim quiseram divertir-se às minhas custas, e por isso me incomodaram com perguntas e observações que, se eu fosse louca, teriam sido cruéis e desumanas. Somente essa única mulher, entre todas as outras, a bela e delicada senhora Caine, demonstrou compaixão feminina. Ela impôs que as outras parassem de me provocar e tirou a cama da mulher que se recusou a dormir comigo. Protestou contra a sugestão de me deixar sozinha e de me manter trancada à noite para que eu não machucasse ninguém. Insistiu em permanecer comigo para me ajudar, caso eu precisasse. Alisou meu cabelo, molhou minha testa e falou tão docemente comigo quanto uma mãe faria com uma criança doente. Por todos os meios ela tentou que eu fosse para a cama e descansasse, e quando chegou perto da manhã, se levantou e me envolveu com um cobertor, com medo de que eu sentisse frio; então ela me beijou na testa e sussurrou, com compaixão: "Pobre criança, pobre criança!"

Como eu admirei a coragem e a bondade daquela pequena mulher. Como eu desejava tranquilizá-la e sussurrar-lhe que não era louca, e como esperava que, se alguma pobre garota tivesse a infelicidade de ser tão desgraçada como eu estava fingindo ser, que ela pudesse encontrar alguém com o mesmo espírito de bondade humana como o da senhora Ruth Caine.

CAPÍTULO IV
JUIZ DUFFY E A POLÍCIA

Voltemos à minha história. Mantive meu papel até que a assistente da matrona, senhora Stanard, chegasse. Ela tentou me persuadir a ficar calma. Comecei a ver claramente que ela queria me colocar para fora da casa de todo o jeito, silenciosamente se possível. Isso eu não queria. Recusei-me a me mover, e mantive sempre a ladainha de meus baús perdidos. Finalmente, alguém sugeriu que um policial fosse chamado. Depois de um tempo, a senhora Stanard colocou o chapéu e saiu. Foi então que tive a certeza de que estava dando um passo em direção ao manicômio. Logo ela voltou, trazendo consigo dois policiais —

homens grandes e fortes — que entraram na sala sem a menor cerimônia, evidentemente esperando encontrar uma pessoa violentamente louca. O nome de um deles era Tom Bockert.

Quando entraram, fingi não vê-los.

— Quero que vocês a levem calmamente — disse a senhora Stanard. — Se ela não vier calmamente — respondeu um dos homens — vou arrastá-la pelas ruas.

Eu continuava a ignorá-los, mas certamente preferiria evitar um escândalo lá fora. Felizmente, a senhora Caine veio em meu socorro. Ela contou aos policiais sobre minhas reclamações a respeito dos meus baús extraviados, e juntos elaboraram um plano para que eu os acompanhasse em silêncio, dizendo-me que iriam comigo procurar meus objetos perdidos. Perguntaram-me se eu iria. Disse-lhes que estava com medo de ir sozinha. A senhora Stanard então disse que me acompanharia, e combinou que os dois policiais mantivessem uma distância respeitosa. Ela ajeitou o véu para mim, saímos de casa pelo porão e começamos a atravessar a cidade, os dois policiais seguindo-nos alguns passos atrás. Caminhamos em silêncio e finalmente chegamos à delegacia, que a boa mulher me garantiu ser o escritório dos correios, onde certamente encontraríamos meus objetos. Entrei com medo e tremendo, por uma boa razão.

Uns poucos dias antes, havia encontrado o capitão McCullagh numa reunião realizada em Cooper Union. Naquele dia lhe pedi alguma informação, que ele me deu. Se ele estivesse ali, será que me reconheceria? Se assim fosse, tudo estaria perdido no que diz respeito a entrar na ilha. Puxei meu chapéu o mais baixo que pude sobre o rosto e me preparei para a provação. E não deu outra: lá estava o robusto capitão McCullagh em pé ao lado do balcão.

Ele me observou de perto enquanto o policial no balcão conversava em voz baixa com a senhora Stanard e o policial que me trouxe.

"Você é Nellie Brown?", perguntou o oficial. Disse que achava que era. "De onde você é"?, perguntou. Disse a ele que não sabia, e então a senhora Stanard deu a ele um monte de informações sobre mim: disse como eu havia agido estranhamente no lar, como eu não havia dormido a noite toda, e que na sua opinião eu era uma pobre infeliz que havia enlouquecido por ter recebido algum tratamento desumano. Houve alguma discussão entre a senhora Stanard e os dois policiais, e Tom Bockert foi instruído a nos levar até o tribunal num carro.

— Venha comigo — disse Bockert — vou achar seu baú para você. Fomos todos juntos, senhora Stanard, Tom Bockert e eu. Disse que era muito gentil da parte deles virem comigo, e que eu não os esqueceria tão cedo. Enquanto andávamos, eu continuava minha ladainha sobre os baús, soltando ocasionalmente alguma observação sobre as condições de sujeira das ruas e a curiosa aparência das pessoas que encontrava no caminho. "Eu não acho que tenha visto essas pessoas antes", disse. "Quem são?" Meus companheiros me olharam com expressões de piedade, evidentemente acreditando que eu era uma estrangeira, uma imigrante ou qualquer coisa assim. Disseram-me que aquelas pessoas ao meu redor eram trabalhadores. Comentei mais uma vez que achava que havia trabalhadores demais no mundo para o trabalho que havia para ser feito e, com essa observação, o policial Bockert me olhou bem de perto, com certeza pensando que meu juízo se fora para sempre. Passamos por vários outros policiais, que geralmente perguntavam a meus robustos guardiões qual era o problema comigo. A essa altura, muitas crianças esfarrapadas também estavam nos seguindo, e fizeram comentários sobre mim que eram tão originais quanto divertidos.

"Por que é que ela está sendo presa?" "Diga, policial, onde você a encontrou?" "De onde você a tirou?" "Ela é uma belezinha!"

A pobre senhora Stanard estava mais assustada do que eu. A situação toda ficou interessante, mas eu ainda tinha medo do meu destino perante o juiz.

Finalmente chegamos a um prédio baixo e Tom Bockert gentilmente me passou as informações:

— Aqui é a agência dos correios. Em breve encontraremos esses seus baús.

A entrada do prédio estava cercada por uma multidão curiosa e eu ainda não tinha certeza de que minha encenação estava convincente, então perguntei se todas aquelas pessoas também haviam perdido seus baús.

— Sim — ele disse —, quase todas essas pessoas estão procurando por baús.

— Eles parecem ser estrangeiros também.

— Sim — respondeu Tom —, são todos estrangeiros recém-chegados. Todos perderam seus baús, e passamos a maior parte do nosso tempo ajudando-os a encontrar.

Entramos na sala da Corte. Era o tribunal da polícia de Essex Market. A questão da minha sanidade ou insanidade seria finalmente decidida. O juiz Duffy estava sentado na tribuna alta, com um olhar que parecia cheio de bondade humana. Eu temia não conseguir chegar a meu destino planejado, por conta da bondade que via em cada linha do rosto dele, e foi com um coração apertado que segui a senhora Stanard enquanto ela respondia à convocação para se aproximar da tribuna, onde Tom Bockert acabara de fazer um relato do caso.

— Venha até aqui — disse um oficial. — Qual seu nome?

— Nellie Brown — respondi, com um leve sotaque. — Perdi meus baús e gostaria que você os achasse para mim.

— Quando chegou em Nova York? — ele perguntou.

— Eu não vim para Nova York — respondi, enquanto acrescentava mentalmente: "porque já estou aqui faz algum tempo."

— Mas você está em Nova York agora — assegurou o homem.

— Não — eu disse, parecendo tão incrédula quanto achei que uma pessoa louca seria —, eu não vim para Nova York.

— Essa garota é do oeste — asseverou ele, em um tom que me fez tremer. — Tem um sotaque do oeste.

Alguém que estava ouvindo o breve diálogo afirmou que havia morado no sul e que meu sotaque era de sulista, enquanto outro oficial tinha certeza de que era do leste. Fiquei muito aliviada quando o primeiro porta-voz se voltou para o juiz e disse:

— Excelentíssimo, aqui está um caso peculiar de uma jovem que não sabe quem é ou de onde vem. É melhor cuidar disso primeiro.

Comecei a tremer mais do que se estivesse com o frio e olhei para a multidão estranha à minha volta, composta por homens e mulheres vestidos humildemente, com histórias estampadas em seus rostos de vidas difíceis, exploração e pobreza. Alguns estavam conversando animadamente com amigos, enquanto outros ficavam parados com um olhar de total desesperança.

Em todos os lugares havia um punhado de policiais bem vestidos e bem alimentados assistindo à cena de maneira passiva e quase indiferente. Era só mais uma história para eles. Mais uma infeliz adicionada a uma longa lista que há muito deixara de ser de seu interesse ou preocupação.

— Venha aqui, garota, e levante seu véu — gritou o juiz Duffy, com tons que me surpreenderam pela aspereza, o que eu não esperava vir daquele rosto gentil.

— Com quem você acha que está falando? — perguntei da minha maneira mais imponente.

— Venha aqui, minha querida, e levante seu véu. Você sabe que a rainha da Inglaterra, se estivesse aqui, teria que levantar o véu — disse ele, agora amavelmente.

— Assim é bem melhor — respondi. — Não sou a rainha da Inglaterra, mas vou levantar meu véu.

O pequeno juiz olhou para mim e, em um tom muito amável e gentil, disse:

— Minha filha, qual é o problema?

— Não há problema nenhum, exceto que eu perdi meus baús, e este homem — apontei para o policial Bockert — prometeu me trazer onde eu pudesse encontrá-los.

— O que sabe sobre esta criança — perguntou o juiz solenemente para a senhora Stanard, que estava pálida e trêmula ao meu lado.

— Eu não sei nada sobre ela, exceto que ela veio para o lar ontem e pediu para passar a noite lá.

— O lar? O que você quer dizer com "lar"? — perguntou o juiz Duffy.

— É um lar temporário para mulheres trabalhadoras. Fica no número 84 da Segunda Avenida.

— Qual sua função lá?

— Sou assistente da matrona.

— Bem, conte-nos tudo que sabe sobre o caso.

— Quando eu estava entrando no lar ontem, notei que ela estava descendo a avenida. Estava sozinha. Eu tinha acabado de entrar em casa quando o sino tocou e ela entrou. Conversamos um pouco; ela queria saber se poderia ficar a noite toda e eu disse que sim. Depois de um tempo, ela falou que todas as pessoas da casa pareciam loucas e que tinha medo delas. Então ela não foi para a cama, mas ficou sentada a noite toda.

—Ela estava com algum dinheiro?

— Sim — falei, respondendo por ela —, paguei a ela por tudo, e a comida foi a pior que já provei.

Houve um riso geral, e alguns murmuraram "ela não é tão louca quando se trata de comida".

— Pobre criança — disse o juiz Duffy —, ela está bem vestida e é uma dama. Seu inglês é perfeito, e eu aposto que é uma boa garota. Tenho certeza de que ela é queridinha de alguém.

Todos riram desse comentário e eu coloquei minha echarpe no rosto, me esforçando para sufocar o riso que ameaçava estragar meus planos, apesar das minhas resoluções.

— Quero dizer, ela é a queridinha de alguma mãe — emendou o juiz apressadamente. — Tenho certeza de que alguém está procurando por ela. Pobre garota, serei bom com ela, pois ela se parece com minha irmã que está morta.

Houve silêncio por um momento após esse comentário, e os policiais me olharam com mais gentileza, enquanto eu silenciosamente abençoava o juiz de bom coração, e esperava que quaisquer criaturas pobres que estivessem aflitas, como eu fingia estar, encontrassem um homem tão gentil como o juiz Duffy para cuidar delas.

— Gostaria que os repórteres estivessem aqui — disse ele, finalmente. — Eles poderiam descobrir alguma coisa sobre ela.

Fiquei muito assustada com isso, pois se tem alguém que pode descobrir um mistério, esse alguém é um repórter. Senti que preferiria enfrentar um bando de médicos, policiais e detetives especializados do que dois espécimes brilhantes do meu ofício, então eu disse:

— Não vejo motivo para tanta confusão só para me ajudar a encontrar meus baús. Esses homens são insolentes e não quero que fiquem me encarando. Vou embora. Eu não quero ficar aqui.

Assim dizendo, abaixei meu véu e secretamente torci para que os repórteres estivessem detidos em algum outro lugar até que eu fosse mandada para o asilo.

— Não sei o que fazer com essa pobre criança — disse o juiz, preocupado. — Alguém tem que cuidar dela.

— Mande-a para a ilha — sugeriu um dos policiais.

— Oh, não! — disse a senhora Stanard, em evidente alarme. — Não! Ela é uma dama, se for trancada naquela ilha pode morrer.

Tive vontade de sacudir aquela boa mulher. A ilha era exatamente o lugar aonde eu queria chegar e ali estava ela tentando me impedir! Foi muito gentil da parte dela, mas bastante irritante dadas as circunstâncias.

— Estou achando que houve trapaça aqui — disse o juiz. —Acho que essa criança foi drogada e trazida para esta cidade. Expeça os papéis e nós a enviaremos a Bellevue para exame. Provavelmente em alguns dias o efeito da droga passará e ela poderá nos contar uma história surpreendente. Se ao menos os repórteres estivessem aqui!

Era justamente o que eu temia, então falei algo sobre não querer ficar lá por mais tempo para ser encarada por todo mundo. O juiz Duffy pediu ao policial Bockert que me levasse ao gabinete. Depois que estávamos sentados, o juiz Duffy entrou e perguntou se minha casa era em Cuba.

— Sim — respondi com um sorriso. — Como soube?

—Ah, eu sabia, minha querida. Agora, me diga onde era? De que parte de Cuba?

— Na *hacienda* — respondi.

— Ah — disse o juiz —, em uma fazenda. Você se lembra de Havana?

— *Si, señor* — respondi — É perto de casa. Como o senhor sabia?

— Ah, eu sei tudo sobre isso. Agora, poderia me dizer onde fica sua casa? — perguntou persuasivamente.

— Isso foi o que eu esqueci — respondi tristemente. — Tenho uma dor de cabeça o tempo todo, e isso me faz esquecer as coisas. Não quero que eles me incomodem. Todo mundo está me fazendo perguntas, e isso faz piorar minha cabeça — e de fato fazia.

— Bem, ninguém mais vai incomodá-la. Sente-se aqui e descanse um pouco.

E o simpático juiz me deixou em paz com a senhora Stanard.

Bem nessa hora um policial entrou com um repórter. Fiquei assustada e pensei que seria reconhecida como jornalista, então virei a cabeça e disse:

— Não quero ver nenhum repórter, eu não vou ver nenhum; o juiz disse que eu não deveria ser incomodada.

— Bem, não há nenhuma loucura nisso — disse o homem que havia trazido o repórter, e juntos eles deixaram a sala. Mais uma vez tive um ataque de medo. Teria eu ido longe demais ao não querer ver um repórter, será que detectaram minha sanidade? Se eu tivesse passado a impressão de ser sã, estava determina a desfazê-la, então pulei e corri de um lado para o outro pelo escritório, a senhora Stanard, apavorada, agarrando meu braço.

— Não vou ficar aqui; quero meus baús! Por que eles me incomodam com tantas pessoas?

E assim continuei até o médico da ambulância chegar, acompanhado pelo juiz.

CAPÍTULO V
DECLARADA LOUCA

Aqui está uma pobre garota que foi drogada — explicou o juiz ao médico da ambulância. — Ela se parece com minha irmã, e qualquer um pode ver que é uma boa garota. Estou interessado nessa criança, e faria por ela como se fosse da minha família. Quero que sejam gentis com ela. Então, voltando-se para a senhora Stanard, perguntou se ela não poderia me hospedar por alguns poucos dias até que meu caso fosse investigado. Felizmente ela disse que não poderia porque as mulheres do lar estavam todas com medo de mim, e iriam embora se eu ficasse lá. Eu estava com muito medo de ela me aceitar por lá se o pagamento lhe fosse assegurado, e por isso disse algo sobre a comida ser ruim e que não pretendia voltar. Então veio o exame; o médico parecia esperto e eu não tinha nenhuma esperança de enganá-lo, mas decidi manter a farsa.

— Ponha a língua para fora — ele ordenou rispidamente.

Eu sorri por dentro só de pensar nisso.

— Coloque a língua para fora quando eu mandar — ele disse.

— Eu não quero — respondi com bastante sinceridade.

— Você precisa. Está doente e eu sou médico.

— Não estou doente e nunca estive. Eu só quero meus baús.

Mesmo assim estendi minha língua, que ele olhou de maneira perfunctória. Mediu meu pulso e ouviu as batidas do meu coração. Eu não tinha a menor ideia de como o coração de uma pessoa louca bate, então prendi a respiração o tempo todo enquanto ele ouvia, de modo que, quando ele parou, tive que ofegar para recuperá-la. Em seguida ele testou o efeito da luz nas pupilas dos meus olhos. Segurando a mão a dois centímetros do meu rosto, me disse para olhá-la e, afastando-a rapidamente, examinou meus olhos. Fiquei curiosa em saber se é possível detectar a loucura nos olhos, então pensei que a melhor coisa nessas circunstâncias seria olhar fixamente. Assim fiz. Segurei os olhos sem piscar, e quando ele removeu a mão, fiz todo o esforço para não voltar a piscar.

— Que drogas você andou tomando? — inquiriu o médico.

— Drogas? — eu repetia espantada. — Não sei o que são drogas.

— As pupilas dos olhos dela estão dilatadas desde que chegou ao lar. Não mudaram nem uma vez — explicou a senhora Stanard.

Gostaria de saber como ela poderia saber disso, mas me mantive quieta.

— Acredito que ela esteja usando beladona — disse o médico.

Pela primeira vez fiquei agradecida por ser um pouco míope, o que, é claro, justifica a dilatação das pupilas. Pensei que poderia também ser sincera quando pudesse, sem prejudicar meu objetivo, então eu disse a ele que era míope, que não estava doente, nunca havia estado doente e que ninguém tinha o direito de me deter quando o que eu queria era encontrar meus baús e ir para casa. Ele escreveu muitas coisas em um livro comprido e fino e depois garantiu que me levaria para casa. O juiz pediu que me levasse e fosse gentil comigo, e o mesmo fizessem as pessoas do hospital, que fossem gentis comigo e que fizessem o que pudessem por mim. Se tivéssemos mais homens como o juiz Duffy, os pobres infelizes encontrariam uma luz na escuridão.

Comecei a ter mais confiança na minha habilidade agora, uma vez que um juiz, um doutor e um bando de pessoas tinham me declarado louca, e coloquei meu véu com muito prazer quando me disseram que seria levada numa carruagem e que depois poderia voltar para casa. "Estou tão feliz de ir com você", eu disse, e era verdade. Eu estava feliz, de fato. Uma vez mais escoltada pelo policial Brockert, atravessei a pequena e lotada sala do tribunal. Senti quase um orgulho de mim mesma quando saí pela porta lateral que dava para um beco, onde a ambulância estava esperando. Perto dos portões fechados e gradeados havia um pequeno escritório ocupado por vários homens e grandes livros. Todos ficamos esperando lá, e quando eles começaram a me fazer perguntas, o doutor se interpôs e disse que tinha todos os documentos, e que era inútil me perguntar mais alguma coisa porque eu era incapaz de responder. Isso foi um grande alívio para mim, porque meus nervos já estavam sentindo a pressão. Um homem de aparência rude queria me colocar na ambulância, mas eu recusei sua ajuda tão decididamente que o médico e o policial disseram para ele desistir, e eles mesmos realizaram esse belo serviço. Não entrei na ambulância sem protestar. Comentei que nunca tinha visto uma carruagem daquele tipo antes e que não queria andar nela, mas depois de um tempo deixei que me convencessem, como era minha intenção.

Nunca esquecerei aquele percurso. Depois que fui deitada sobre o cobertor amarelo, o médico entrou e sentou-se ao lado da porta. Os grandes portões foram abertos, e a multidão curiosa que havia se reunido recuou para dar passagem à ambulância, que dava a ré. Como eles tentaram dar uma espiada na tal garota maluca! O doutor viu que eu não gostava de pessoas me olhando, e cuidou de abaixar as cortinas, depois de perguntar meu desejo em relação a isso. Ainda assim, isso não afastou as pessoas. As crianças correram atrás de nós, gritando todo tipo de expressões vulgares e tentando espreitar pelas cortinas. Foi um trajeto bastante curioso, mas devo dizer que foi torturante. Eu me segurava, só que não havia muito onde segurar, e o motorista dirigia como se estivéssemos sendo perseguidos.

CAPÍTULO VI
NO HOSPITAL BELLEVUE[3]

Por último, chegamos a Bellevue, a terceira parada no meu caminho até a ilha. Eu havia passado com sucesso pelas provações no lar e no tribunal de Essex Market, e agora estava confiante. A ambulância parou com um tranco repentino e o doutor pulou para fora. "Quantos você tem?", ouvi alguém perguntar. "Apenas uma, para o pavilhão", foi a resposta. Um homem de aparência rude se aproximou, e me pegando,

---

3   *O principal hospital público de Nova York à época e ainda hoje um dos maiores do país.*

tentou me arrastar para fora como se eu tivesse a força de um elefante e fosse resistir. O doutor, percebendo meu olhar de repugnância, ordenou que me deixasse ir sozinha, dizendo que ele mesmo tomaria conta de mim. Ele então me ajudou cuidadosamente a sair e eu caminhei com a elegância de uma rainha passando pela multidão que se reunia curiosa para ver a nova desgraçada. Junto com o doutor, entrei numa pequena sala escura, onde havia vários homens. O que estava atrás da mesa abriu um livro e começou uma longa série de perguntas que tantas vezes já tinham me feito.

Recusei-me a responder, e o doutor disse-lhe que não era necessário me incomodar, uma vez que ele tinha todas as anotações, e eu era louca demais para dizer qualquer coisa de relevante. Fiquei aliviada por ter sido tão fácil até aqui. Embora ainda não estivesse com medo, comecei a me sentir fraca por falta de comida. Foi então dada a ordem para me levar ao pavilhão dos loucos, e um homem musculoso avançou e me pegou com tanta força pelo braço que uma dor percorreu meu corpo todo. Isso me deixou com raiva e, por um momento, esqueci meu papel quando me virei para ele e disse:

— Como ousa me tocar?

Com isso, ele afrouxou um pouco o aperto, e eu o afastei com mais força do que eu pensava ter.

— Não irei com mais ninguém, somente com este homem — disse, apontando para o médico da ambulância. — O juiz disse que ele deveria cuidar de mim e eu não irei com mais ninguém.

A essa altura o médico disse que me levaria, e assim fomos, de braços dados, seguindo o homem que havia sido tão rude comigo. Atravessamos as dependências bem cuidadas, e finalmente alcançamos o pavilhão dos insanos. Uma enfermeira com um touca branca veio nos receber.

— Essa jovem vai esperar aqui pelo barco — disse o médico, e quis partir.

Eu implorei para ele não ir, ou para me levar junto, mas ele disse que queria jantar primeiro, e que eu deveria esperar por ele no local. Quando insisti em acompanhá-lo, alegou que tinha que ajudar numa amputação, e não cairia bem eu estar presente. Era evidente que aquele médico acreditava estar lidando com uma pessoa mentalmente desajustada. Nesse momento, gritos de loucura horríveis vieram dos fundos. Mesmo com toda a minha bravura, senti um calafrio com a perspectiva de ser trancafiada junto com uma criatura realmente insana. O médico evidentemente percebeu meu nervosismo, pois disse ao atendente:

— Esses carpinteiros fazem muito barulho.

Voltando-se para mim, ele explicou que estavam construindo novos edifícios, e que o barulho vinha de algum dos trabalhadores dessa construção. Voltei a dizer que não queria ficar lá sem ele e, para me tranquilizar, o médico prometeu que retornaria em breve. Ele me deixou e eu finalmente vi-me uma residente em um asilo de loucos.

Fiquei em pé perto da porta e avaliei a cena diante de mim. O longo corredor sem tapetes era revestido por essa peculiar brancura vista apenas em instituições públicas. Nos fundos do corredor havia grandes portas de ferro trancadas por um cadeado. Vários bancos de aparência dura e várias cadeiras de vime compunham o mobiliário. Em ambos os lados do corredor havia portas que davam para, o que eu supus (e depois comprovei), os quartos. Perto da entrada, no lado direito, havia uma salinha para as enfermeiras, e do lado oposto havia uma sala onde o jantar era servido. Uma enfermeira de vestido preto, gorro branco e avental e armada com um molho de chaves encarregava-se do salão. Logo aprendi o nome dela, senhorita Ball.

Uma velha irlandesa era uma empregada faz-tudo. Ouvi que ela se chamava Mary, e fiquei feliz em saber que existia uma mulher de bom coração naquele lugar. Recebi apenas bondade e grande consideração por parte dela. Havia apenas três "pacientes", como eram chamadas. Eu seria a quarta. Pensei que seria bom começar logo o meu trabalho, pois ainda estava na apreensão de que algum médico viesse a me declarar sã e me enviar de volta para o mundo livre. Fui até a parte de trás da sala e me apresentei a uma das mulheres, fazendo-lhe várias perguntas. Seu nome, ela disse, era senhorita Anne Neville, e estava doente por excesso de trabalho. Trabalhava como camareira e, quando sua saúde não aguentou mais, foi mandada para algum "Lar de Irmãs" a fim de ser tratada. Seu sobrinho, que era garçom, estava desempregado e, por não poder pagar suas despesas no lar, transferiu-a para Bellevue.

— Você tem também algum problema mental? — perguntei.

— Não — ela disse. — Os médicos têm me feito muitas perguntas estranhas e me confundem o máximo que podem, mas não tem nada de errado com o meu cérebro.

— Você sabe que somente pessoas loucas são enviadas para este pavilhão? — fiz outra pergunta.

— Sim eu sei, mas não tenho como fazer nada. Os médicos se recusam a me ouvir, e é inútil dizer alguma coisa às enfermeiras.

Quando me dei conta, pelas muitas razões apresentadas, de que a senhorita Neville era tão sã quanto eu, transferi minhas atenções para outra paciente. Achei que ela precisava de ajuda médica e que era um pouco tola mentalmente, embora tenha visto muitas mulheres nas classes sociais inferiores cuja sanidade nunca foi posta em dúvida e que não eram mais brilhantes que ela.

A terceira paciente, a senhora Fox, não falou muito. Era muito quieta e, depois de me contar que seu caso era sem esperança, recusou-se a conversar. Comecei agora a me sentir mais segura da minha posição e decidi que nenhum médico iria me convencer de que eu era sã, na esperança de cumprir minha missão. Uma pequena enfermeira de pele clara chegou e, depois de colocar a touca, disse à senhorita Ball para ir jantar. A nova enfermeira, senhorita Scott, veio até mim e disse rispidamente:

— Tire o chapéu.

— Não vou tirar o chapéu — respondi. — Estou esperando pelo barco, e não vou tirá-lo.

— Bem, você não vai pegar barco nenhum. Tanto faz saber agora ou mais tarde... Você está em um hospital de loucos.

Embora estivesse plenamente consciente desse fato, suas palavras sem meios-tons me chocaram.

— Eu não queria vir para cá; não estou doente ou louca, e não vou ficar — falei.

— Vai demorar muito para você sair, se não fizer o que lhe dissermos — respondeu a senhorita Scott. — Ou você tira o chapéu ou eu o tiro à força, e se você não me deixar, só preciso tocar um sino para vir um assistente. Então: vai tirá-lo ou não?

— Não, não vou. Estou com frio e quero usar meu chapéu, e você não pode me obrigar a tirar.

— Vou lhe dar mais uns minutos, e se você não o fizer por bem, será por mal, e aviso logo que não será de maneira gentil.

— Se você tirar meu chapéu, vou tirar sua touca. E agora?

A senhorita Scott foi chamada e saiu, e, já que eu temia que uma explosão de raiva pudesse demonstrar sanidade, tirei o chapéu e as luvas e fiquei sentada em silêncio, olhando para o nada até ela chegar. Estava com fome e fiquei muito satisfeita ao ver Mary colocar a mesa para o jantar. Os preparativos foram simples. Ela simplesmente puxou um banco comprido ao lado de uma mesa nua e ordenou para as pacientes: "venham e comam"; depois pegou um pratinho de folha de flandres com um pedaço de carne cozida e uma batata dentro. Não estaria mais frio se tivesse sido cozido na semana anterior, e nunca deve ter sabido o que eram sal e pimenta. Como eu não me sentei à mesa, Mary veio até o canto onde eu estava sentada e, enquanto entregava o prato de flandres, perguntou:

— Tem algum trocadinho com você, querida?

— O quê? — perguntei surpresa.

— Tem alguns centavos, querida, que possa me dar. Eles vão tirar todos de você de qualquer maneira, querida, então é melhor que eu fique com eles.

Entendi perfeitamente o que ela queria dizer, mas não tinha a intenção de entrar no jogo de Mary tão cedo, temendo que isso influenciasse o tratamento dela comigo, então disse que havia perdido minha bolsa, o que era verdade. Mas, ainda que eu não tivesse dado dinheiro a Mary, ela não foi menos gentil comigo. Quando me opus ao prato de flandres em que havia trazido minha comida, ela pegou um de porcelana e, quando achei impossível ingerir a comida que me deu, ela trouxe um copo de leite e uma bolacha.

Todas as janelas no corredor foram abertas e o ar frio começou a revelar meu sangue de sulista. Ficou tão frio que parecia quase insuportável, e eu reclamei com a senhorita Scott e com a senhorita Ball. Mas elas responderam secamente que eu estava em um lugar de caridade, e que não esperasse muito mais. Todas as outras mulheres estavam sofrendo com o frio, e as próprias enfermeiras tinham que usar pesados agasalhos para mantê-las aquecidas. Perguntei se poderia ir para a cama. Elas disseram: "não!" Por fim, a senhorita Scott pegou um velho xale cinza e, sacudindo algumas das traças, disse-me para colocá-lo.

— É realmente um xale horrível — reclamei.

— Bem, algumas pessoas se dariam melhor se não fossem tão orgulhosas — retrucou a senhorita Scott. — Pessoas em caridade não devem esperar nada e não devem reclamar.

Então me envolvi com o xale comido de traças, com todo o seu cheiro de mofo, e me sentei em uma cadeira de vime, imaginando o que viria a seguir, se eu morreria de frio ou sobreviveria. Meu nariz estava congelando, logo cobri a cabeça e estava quase cochilando quando o xale foi subitamente arrancado do meu rosto e um homem estranho e a senhorita Scott estavam diante de mim. O homem revelou-se um médico e seus primeiros cumprimentos foram:

— Já vi esse rosto antes.

— Então me conhece? — perguntei com uma disposição toda fingida.

— Acho que sim. De onde você veio?

— De casa.

— Onde fica sua casa?

— Você não sabe? Cuba.

Ele então se sentou ao meu lado, tomou meu pulso e examinou minha língua e, ao fim, disse:

— Conte à senhorita Scott tudo a seu respeito.

— Não, não vou. Eu não vou falar com mulher alguma.

— O que você faz em Nova York?

— Nada.

— Você trabalha?

— Não *señor*.

— Diga-me, você é dessas mulheres da rua?

— Não entendo... — respondi, sinceramente enojada.

— Quero dizer, você se deixava ser sustentada e mantida por homens?

Senti vontade de dar um tapa na cara dele, mas tive que manter a compostura, então simplesmente disse:

— Não sei do que você está falando. Eu sempre morei em casa.

Depois de muitas outras perguntas completamente inúteis e sem sentido, ele me deixou e foi conversar com a enfermeira. — Definitivamente demente — disse ele. — Considero um caso sem esperança. Ela precisa ser colocada onde alguém possa cuidar dela.

Eu havia conseguido passar pela avaliação de um segundo médico.

Depois disso, comecei a ter menos consideração pela habilidade dos médicos, e uma maior pelas minhas capacidades. Agora eu tinha certeza de que nenhum doutor poderia dizer se as pessoas eram loucas ou não, desde que o caso não fosse violento.

No final da tarde, um rapaz e uma mulher vieram. A mulher se sentou em um banco, enquanto o rapaz entrou e conversou com a senhorita Scott. Em pouco tempo ele saiu, fez um aceno de despedida para a mulher, que era sua mãe, e foi embora. Ela não parecia louca, mas como era alemã, não pude descobrir sua história. Seu nome, no entanto, era senhora Louise Schanz. Parecia bastante perdida, mas quando as enfermeiras a colocavam em algum trabalho de costura, ela o fazia bem e rapidamente. Às três da tarde, todos os pacientes recebiam um mingau e, às cinco, uma xícara de chá e um pedaço de pão. Eu fui favorecida, pois quando viram que me era impossível comer o pão ou beber a coisa a que deram o nome pomposo de "chá", ofereceram-me um copo de leite e uma bolacha, tal como me deram ao meio-dia.

Quando começaram a acender o lampião a gás, outra paciente se juntou a nós. Era uma jovem de 25 anos. Disse-me que tinha acabado de sair de um leito de enferma. A aparência confirmava sua história, que era a de alguém que acabara de passar por uma séria crise de febre reumática.

— Agora estou sofrendo de debilidade nervosa — disse — e meus amigos me enviaram para cá para me tratarem disso. Eu não lhe disse onde estava, e ela parecia bem satisfeita. Às seis e quinze, a senhorita Ball disse que queria ir embora, e então todas tivemos que ir para a cama. Cada uma de nós, agora um total de seis, foi designada para um quarto e instruída a se despir. Fiz isso e recebi uma camisola curta de flanela de algodão para usar durante a noite. Ela então pegou cada peça de roupa que eu usava durante o dia e, reunindo-as em um pacote, rotulou-o como "Brown" e levou embora. A janela com barras de ferro estava trancada e a senhorita Ball, depois de me dar um cobertor extra, que, segundo ela, era um favor raramente concedido, saiu e me deixou sozinha. A cama não era das mais confortáveis. De fato, era tão dura que eu não conseguia fazer uma mossa; e o travesseiro era estofado com palha. Sob o lençol, havia uma lona impermeável. À medida que a noite esfriava, tentei esquentar aquela lona. Continuei tentando, mas quando a manhã despontou e ainda estava tão frio como quando fui para a cama, e tinha me reduzido à temperatura de um iceberg, desisti daquela tarefa impossível.

Tinha esperança de conseguir dormir um pouco na minha primeira noite em um asilo de insanos. Mas estava condenada à decepção. Quando as enfermeiras do turno da noite chegaram, estavam curiosas em me ver e descobrir como eu era. Mal haviam saído, ouvi alguém na porta perguntando por Nellie Brown, e comecei a tremer, temendo sempre que minha sanidade fosse descoberta. Ao ouvir a conversa, descobri que era um repórter à minha procura, e o ouvi perguntar pela minha roupa, a qual ele queria examinar. Escutei bastante ansiosa pela conversa a meu respeito, e fiquei aliviada de saber que eu fora considerada irreme- diavelmente louca. Isso foi encorajador. Depois que o repórter partiu, ouvi mais gente chegando e descobri que um médico estava lá e pretendia me ver. Com que propósito eu não sabia, e imaginei todo tipo de situações horríveis, como exames e outras coisas, e quando chegaram ao meu quarto eu estava tremendo com mais do que medo.

— Nellie Brown, aqui está o doutor; ele deseja falar com você — disse a enfermeira. Se isso era tudo o que ele queria, achei que poderia suportar. Tirei o cobertor que havia colocado sobre a cabeça por causa do medo e olhei para cima. A visão foi tranquilizadora.

Era um homem jovem e bonito. Tinha o ar e o trato de um cavalheiro. Algumas pessoas depois me censuraram por essa reação, mas, tenho certeza, mesmo que tenha sido um pouco indiscreta, que o jovem médico tinha apenas boas intenções comigo. Ele se aproximou, sentou-se ao lado da cama e colocou o braço suavemente em volta dos meus ombros. Foi uma tarefa terrível fingir ser louca diante daquele jovem, e só as mulheres podem entender a minha situação.

— Como se sente esta noite, Nellie? — ele perguntou prontamente.

— Ah, eu me sinto bem.

— Mas você está doente, você sabe — ele disse.

— Ah, estou? — respondi, e voltei a cabeça para o travesseiro e sorri.

— Quando você deixou Cuba, Nellie?

— Ah, conhece minha casa? — perguntei.
— Sim, muito bem. Não se lembra de mim? Eu me lembro de você.
— Lembra?

Fiz uma anotação mental para nunca esquecer aquele rosto. Ele estava acompanhado por um amigo que não se aventurou a comentar, mas ficou olhando para mim enquanto estava deitada na cama. Depois de muitas perguntas, as quais eu respondi com sinceridade, ele me deixou. Então vieram outros problemas. Durante toda a noite as enfermeiras liam uma para a outra em voz alta, e sabia que as outras pacientes, assim como eu, não estavam conseguindo dormir. A cada meia-hora elas andavam pesadamente pelos corredores, os saltos das botas ressoando como uma marcha de soldados da cavalaria, e davam uma espiada em todas as pacientes. Claro que isso ajudava a nos manter acordadas. No dia seguinte começaram a bater ovos para o café da manhã, e o som me fez perceber como eu estava terrivelmente faminta. Gritos e choros ocasionais vinham da ala masculina, e isso não ajudava a tornar aqueles momentos mais tranquilos. Então a sirene da ambulância, que trouxe mais infelizes, soou como um cortejo fúnebre da vida e da liberdade. E foi assim que passei minha primeira noite como uma louca em Bellevue.

CAPÍTULO VII
O OBJETIVO EM VISTA

Às seis da manhã de domingo, 25 de setembro, as enfermeiras puxaram meu cobertor. "Venha, é hora de sair da cama", disseram; abriram a janela e deixaram entrar o vento frio. Minhas roupas me foram devolvidas. Depois de me vestir, me mostraram um lavatório onde todas as outras pacientes tentavam livrar seus rostos de todos os vestígios de sono. Às sete horas nos deram alguma gororoba, que Mary nos disse ser uma canja de galinha. O frio, que nos fizera sofrer bastante no dia anterior, estava penetrante, e quando reclamei para a enfermeira, ela disse que uma das regras da instituição era não ligar o aquecimento até outubro, portanto teríamos que aguentar, já que o encanamento sequer estava pronto.

As enfermeiras da noite, armadas com tesouras, começaram a fazer as vezes de manicure com as pacientes. Cortaram minhas unhas rapidamente, assim como fizeram com as de várias outras pacientes. Logo depois disso, um belo e jovem médico apareceu e fui conduzida à sala de estar.

— Quem é você? — perguntou.

— Nellie Moreno — respondi.

— Então, por que deu o nome Brown? — ele perguntou. — O que há de errado com você?

— Nada. Eu não queria vir para cá, mas eles me trouxeram. Quero ir embora. Não vai me deixar sair?

— Se eu deixá-la sair, você ficará comigo? Não vai fugir de mim quando chegar na rua?

— Não prometo que não vou fugir — respondi com um sorriso e um suspiro, pois ele era muito bonito.

Fez-me muitas outras perguntas. Alguma vez vi rostos na parede? Eu já ouvi vozes por aí? Eu respondi a ele da melhor maneira possível.

— Ouve vozes à noite? — ele perguntou.

— Sim, há tanta conversa que eu não consigo dormir.

— Foi o que pensei — ele disse para si. Então, voltando-se para mim, perguntou: — O que essas vozes dizem?

— Bem, eu não dou sempre ouvido a elas. Mas, com muita frequência, elas falam sobre Nellie Brown e depois sobre outros assuntos que não me interessam tanto — respondi com honestidade.

— É o bastante — disse ele à senhorita Scott, que estava do lado de fora.

— Posso ir embora? — perguntei.

— Sim — disse com uma risada satisfeita — em breve a mandaremos embora.

— Está muito frio aqui, quero ir — reclamei.

— É verdade — ele disse à senhorita Scott. — O frio é quase insuportável aqui, e vocês terão alguns casos de pneumonia se não forem cuidadosas.

Dito isso, fui levada para fora e outra paciente foi trazida. Sentei-me perto da porta e esperei para ouvir como ele testaria a sanidade das outras pacientes. Com pequenas diferenças, o exame era exatamente o mesmo que o meu. Todas foram questionadas se viam rostos na parede, se ouviam vozes e o que elas diziam. Também posso acrescentar que todas as pacientes negaram essas maluquices de visão e audição. Às dez horas recebemos uma xícara de caldo de carne sem sal; ao meio-dia, um pouco de carne fria e batatas; às três da tarde, uma xícara de mingau de aveia; e às cinco e meia da tarde, uma xícara de chá e uma fatia de pão sem manteiga. Estávamos todas com frio e famintas. Depois que o médico foi embora, recebemos xales e mandaram que ficássemos andando para cima e para baixo nos corredores, para nos manter aquecidas. Durante o dia, o pavilhão foi visitado por várias pessoas curiosas para ver a louca de Cuba. Mantive minha cabeça coberta, com a desculpa do frio, mas na verdade era medo de que os repórteres me reconhecessem. Alguns dos visitantes, aparentemente, estavam à procura de uma garota desaparecida, por isso fui obrigada a abaixar o xale repetidamente e, depois de me olharem, diziam, "não a conheço" ou "não é ela", com o que fiquei secretamente agradecida. O diretor O'Rourke me visitou e tentou demonstrar seu talento no exame. Depois trouxe algumas mulheres bem vestidas e alguns cavalheiros em momentos diferentes para dar uma olhada na misteriosa Nellie Brown.

Os repórteres eram os que davam mais trabalho. E foram tantos! Eram todos tão brilhantes e espertos que eu fiquei terrivelmente assustada, com medo de que percebessem que eu era sã. Foram muito amáveis e simpáticos comigo, e muito gentis em todos os seus questionamentos. Meu último visitante na noite anterior chegou à janela enquanto alguns repórteres estavam me entrevistando na sala de estar e disse à enfermeira para permitir que me vissem, pois eles ajudariam a encontrar alguma informação sobre minha identidade.

À tarde, o doutor Field veio me examinar. Ele me fez apenas algumas perguntas, e uma que não tinha relação com o caso. A pergunta principal era sobre meu lar e meus amigos, e se eu tinha algum relacionamento amoroso ou se já tinha sido casada. Então ele me fez esticar os braços e movimentar os dedos, o que fiz sem a menor hesitação, mas o ouvi dizer que meu caso era sem esperança. Foram feitas as mesmas perguntas às outras pacientes.

Quando o médico estava prestes a sair do pavilhão, a senhorita Tillie Mayard descobriu que estava em uma ala de loucos. Ela foi ao doutor

Field e perguntou-lhe por que tinha sido enviada para lá.

— Só agora você se deu conta de que está num hospital de loucos? — perguntou o doutor.

— Sim, meus amigos disseram que me mandariam a uma ala de convalescentes para ser tratada da debilidade dos nervos com a qual venho sofrendo desde a minha doença. Quero sair desse lugar imediatamente.

— Bem, você não pode sair com essa pressa — disse ele com uma risada rápida.

— Se você entende de alguma coisa — ela reagiu —, deve ser capaz de dizer que sou perfeitamente sã. Por que você não me testa?

— Já sabemos tudo o que precisamos sobre você— disse o doutor, e deixou a pobre garota condenada a um asilo de loucos, provavelmente por toda a vida, sem lhe dar a menor chance de provar sua sanidade.

Domingo à noite foi senão uma repetição do sábado. Por toda a noite fomos mantidas acordadas pela conversa das enfermeiras e seus passos pesados pelos corredores sem carpetes. Na segunda de manhã fomos informadas de que seríamos levadas à uma e meia da tarde. As enfermeiras me questionaram incessantemente sobre meu lar, e todos pareciam achar que eu tive um amante que me jogara no mundo e destruíra meu cérebro. A manhã trouxe muitos repórteres. Como eram incansáveis nos seus esforços para conseguir alguma notícia! No entanto a senhorita Scott não permitiu que eu fosse vista, pelo que fiquei agradecida. Se tivessem acesso livre a mim, provavelmente o mistério não se manteria por muito tempo, já que muitos deles me conheciam de vista. O diretor O'Rourke veio para uma visita final e teve uma breve conversa comigo. Escreveu seu nome no meu caderno, dizendo à enfermeira que eu esqueceria tudo em cerca de uma hora. Sorri e pensei que não estava tão certa disso. Outras pessoas pediram para me ver, mas ninguém me conhecia ou poderia dar qualquer informação sobre mim.

O meio-dia chegou. Fiquei mais nervosa à medida que se aproximava a hora de partir para a ilha. Eu temia a cada novo acontecimento, com medo de que o meu segredo pudesse ser descoberto no último momento. Então me deram um xale, meu chapéu e um par de luvas. Eu mal podia colocá-los, de tão tensos que estavam meus nervos. Por fim, a atendente chegou e eu me despedi de Mary enquanto deixava "um trocado" na mão dela. "Deus a abençoe", disse ela. "Vou rezar por você. Anime-se, querida. Você é jovem e vai superar isso." Disse a ela que esperava que sim, e então me despedi da senhorita Scott em espanhol. O assistente de aparência bruta colocou os braços em volta dos meus, e meio que me conduziu meio que me arrastou até uma ambulância. Uma multidão de estudantes se reuniu e eles nos observaram com curiosidade. Cobri o rosto com o xale e me afundei agradecida na parte de trás da carruagem. A senhorita Neville, a senhorita Mayard, a senhora Fox e a senhora Schanz vieram todas depois de mim, uma por vez. Um homem entrou conosco, as portas foram trancadas e vencemos os portões em grande estilo em direção ao manicômio e à vitória! As pacientes não fizeram nenhum movimento para escapar. O odor do hálito do atendente era suficiente para deixar qualquer um nauseado.

Quando alcançamos o cais, havia tanta gente amontoada em torno da carruagem que a polícia foi chamada para colocá-las para fora, a fim de podermos chegar ao barco. Fui a última da procissão. Escoltaram-me pela prancha, a brisa fresca soprando o hálito do uísque dos atendentes no meu rosto até me fazer cambalear. Fui colocada numa cabine suja, onde encontrei minhas companheiras sentadas num banco estreito. As pequenas janelas estavam fechadas e, com o odor do espaço sujo, o ar era sufocante. Em uma extremidade da cabine havia uma maca em tal condição que eu tive que fechar o nariz quando me aproximei. Uma menina doente foi colocada nela. Uma velha com um chapéu enorme e uma cesta suja cheia de pedaços de pão e aparas de carne, completou nossa trupe. A porta estava guardada por duas atendentes. Uma usava um vestido feito de forro de colchão e a outra vestia-se com uma tentativa de estar na moda. Eram mulheres grosseiras e pesadas que cuspiam tabaco mascado sobre o chão de uma maneira mais habilidosa que encantadora. Uma dessas assustadoras criaturas parecia ter mais fé no poder do olhar sobre as pessoa loucas, pois, quando qualquer uma de nós se movia ou olhava pela janela alta, dizia: "sente-se", baixava as sobrancelhas e olhava de um jeito simplesmente aterrorizante. Enquanto guardavam a porta, conversavam com alguns homens do lado de fora. Eles discutiam o número de pacientes e, em seguida, os próprios casos de uma maneira nem edificante nem refinada.

O barco parou e a velha e a garota doente foram retiradas. Ao restante de nós, mandaram que continuássemos sentadas. Na parada seguinte, minhas companheiras foram retiradas, uma de cada vez. Fui a última; acharam necessário empregar um homem e uma mulher para me conduzirem pela prancha até a margem. Uma ambulância aguardava lá, e nela estavam as outras quatro pacientes.

— Que lugar é este? — perguntei ao homem, que tinha os dedos afundados na carne do meu braço.

— Ilha de Blackwell, um lugar para loucos de onde você nunca mais vai sair.

Dito isso, fui empurrada para a ambulância, a prancha foi retirada, um guarda e um carteiro saltaram para o barco e fui levada ao manicômio da Ilha de Blackwell.

CAPÍTULO VIII
DENTRO DO MANICÔMIO

Enquanto a ambulância atravessava os belos gramados até o asilo, meu sentimento de satisfação por ter alcançado o objetivo do meu trabalho foi solapado pela expressão de angústia no rosto das minhas companheiras. Pobres mulheres, elas não tinham esperanças de uma rápida passagem. Estavam sendo enviadas para a prisão, não por culpa delas, e muito provavelmente passarão o resto da vida lá. Em comparação, como seria mais fácil caminhar até a forca do que para esse túmulo de horrores em vida! No que a ambulância acelerou, eu, assim como minhas companheiras, lancei um desesperado olhar de despedida à liberdade quando avistamos os compridos edifícios de pedra. Passamos por um prédio baixo, cujo fedor era tão horrível que precisei segurar a respiração, e anotei mentalmente que lá ficava a cozinha. Mais tarde descobri que estava correta em minha suposição, e sorri para a tabuleta no final da caminhada: "Visitantes não são permitidos nesta estrada". Acho que a sinalização não seria necessária para alguém que tentasse passar pela estrada, especialmente em um dia quente.

A ambulância parou, e a enfermeira e o policial incumbidos disseram para sairmos. A enfermeira acrescentou: "Graças a Deus elas vieram em silêncio". Obedecemos às ordens de avançar um lance de degraus estreitos de pedra, que evidentemente haviam sido construídos para pessoas que sobem de três em três. Fiquei me perguntando se minhas companheiras saberiam onde estávamos, então perguntei à senhorita Tillie Mayard:

— Onde estamos?

— No asilo de loucos da Ilha de Blackwell — respondeu tristonha.

— Você é louca? — perguntei.

— Não — ela retrucou —, mas agora que nos mandaram para cá temos que ficar quietas até descobrirmos uma maneira de escapar. Não terá muitas, se todos os médicos forem como o doutor Field e se recusarem a me ouvir ou a dar uma chance para eu provar minha sanidade.

Fomos conduzidas a um vestíbulo estreito e a porta foi trancada atrás de nós.

Apesar de estar certa da minha sanidade e da garantia de que eu seria libertada em alguns dias, senti uma pontada aguda no coração. Declarada louca por quatro médicos e trancafiada atrás de ferrolhos e barras de um manicômio! Não para ser confinada sozinha, mas para ter a companhia, dia e noite, de loucas inconscientes e tagarelas; dormir com elas, comer com elas e ser considerada uma delas era uma posição desconfortável. Timidamente, seguimos a enfermeira pelo longo corredor sem carpete até uma sala cheia das assim chamadas loucas. Disseram-nos para sentar e algumas pacientes gentilmente abriram espaço para nós. Elas nos olharam com curiosidade, e uma delas veio até mim e perguntou:

— Quem a enviou para cá?
— Os médicos — respondi.
— Para quê? — ela insistiu.
— Bem, eles disseram que sou louca — admiti.

— Louca? — ela repetiu, incrédula. — Não se vê no rosto.

Concluí que essa mulher era inteligente demais e fiquei contente em responder às ordens grosseiras de seguir a enfermeira para consultar o médico. Essa enfermeira, senhorita Grupe, a propósito, tinha um bom rosto alemão, e se eu não tivesse detectado certas linhas duras em torno da boca, poderia ter presumido, como minhas companheiras, receber apenas bondade dela. Ela nos levou a uma pequena sala de espera no final do corredor e nos deixou sozinhas enquanto entrava em um pequeno escritório que dava para o saguão ou a recepção.

— Gosto de ir até o carro — ela disse à pessoa que não se podia ver, lá dentro. — Ajuda a quebrar a rotina. Ele a respondeu que o ar livre a deixava com uma aparência melhor, e quando ela voltou para nos ver, era toda sorrisos.

— Venha aqui, Tillie Mayard — mandou. A senhorita Mayard obedeceu e, embora eu não pudesse ver dentro do escritório, pude ouvi-la gentilmente, mas com firmeza, defender seu caso. Todas as suas observações foram tão racionais quanto qualquer uma que já ouvi, e pensei que qualquer médico se impressionaria com sua história. Contou da sua doença recente, que ela estava sofrendo de debilidade nervosa. Implorou para que eles tentassem todos os testes de insanidade, se tivessem algum, e que fizessem justiça a ela. Pobre garota, como meu coração doía por ela! Decidi naquele momento que tentaria de todos os modos fazer de minha missão um benefício a minhas irmãs sofredoras; que eu mostraria como elas são condenadas sem um amplo julgamento. Sem qualquer palavra de compaixão ou encorajamento, ela foi trazida de volta para onde estávamos sentadas.

A senhora Louise Schanz foi levada até a presença do doutor Kinier, o médico.

— Seu nome? — ele perguntou alto.

Ela respondeu em alemão, dizendo que não falava inglês nem poderia entendê-lo. No entanto, quando ele disse "senhora Louise Schanz", ela disse *"ja, ja"*. Então tentou outras perguntas, e quando ele se deu conta de que ela não poderia entender uma palavra de inglês, virou-se para a senhorita Grupe:

— Você é alemã, fale com ela por mim.

A senhorita Grupe revelou-se uma daquelas pessoas que têm vergonha da sua nacionalidade, e se recusou, dizendo que ela somente poderia entender algumas poucas palavras da sua língua materna.

— Sabemos que você fala alemão. Pergunte a esta mulher o que o marido dela faz — e ambos riram como se tivessem ouvido uma piada.

— Só sei falar algumas poucas palavras — ela protestou, mas finalmente conseguiu verificar a ocupação do senhor Schanz.

— Agora, para que mentir para mim? — perguntou o médico, com uma risada que dissipou a grosseria.

— Não sei falar mais que isso — disse ela, e não falou.

Assim a senhora Louise Schanz foi despachada para o manicômio sem chance de se fazer entender. Pode um descuido desses ser desculpado, eu me pergunto, quando é tão fácil conseguir um intérprete? Se o confinamento durasse apenas alguns dias, alguém poderia questionar a necessidade. Mas aqui estava uma mulher levada, sem o seu consentimento, de um mundo livre para um asilo de loucos, sem lhe darem a chance de provar sua sanidade. Provavelmente confinada por toda a vida atrás das grades do manicômio, sem sequer ser informada, em sua língua, do porquê e para quê. Compare isso com um criminoso, a quem é dada toda a chance de provar sua inocência. Quem não preferiria ser um assassino e arriscar a perder vida a ser declarado insano, sem esperança de escapar? A sra. Schanz implorou em alemão para saber onde ela estava e por sua liberdade. Com a voz cortada por soluços, foi levada embora sem ser ouvida.

A senhora Fox foi submetida a esse exame superficial e sem sentido, e trazida da sala já condenada. A senhorita Annie Neville foi depois, e fui novamente deixada para o final. A essa altura já havia me decidido a agir como se estivesse em liberdade, exceto que me recusaria a dizer quem eu era ou onde era minha casa.

CAPÍTULO IX
UM ESPECIALISTA (?) NO TRABALHO

Nellie Brown, o doutor quer vê-la — disse a senhorita Grupe.

Entrei na sala e me pediram para sentar diante da mesa do doutor Kinier.

— Qual o seu nome? — ele perguntou, sem tirar os olhos do papel.

— Nellie Brown — respondi, com facilidade.

— Onde é sua casa? — ele estava escrevendo o que eu dizia num grande livro.

— Em Cuba.

— Ah! — ele proferiu com súbita compreensão, depois dirigiu-se à enfermeira:

— Viu alguma coisa nos jornais sobre isso?

— Sim — ela retrucou —, vi um longo relato dessa garota no *Sun*, no domingo.

Então o médico disse:

— Mantenha-a aqui até eu ir ao escritório e ver a notícia novamente.

Ele nos deixou e me aliviei do chapéu e do xale. Ao voltar, ele disse que não conseguiu encontrar o jornal, mas relatou a história da minha estreia, tal como a lera, à enfermeira.

— Qual a cor dos olhos dela?

A senhorita Grupe olhou, e respondeu "cinza", embora todo mundo sempre diga que meus olhos são castanhos ou cor de mel.

— Qual é a sua idade? — ele perguntou; e quando eu respondi, "Dezenove em maio passado", ele se virou para a enfermeira e disse:

— Quando você recebe seu próximo passe? — deduzi que se tratava de uma licença ou um dia de folga.

— Próximo sábado — ela respondeu com uma risada.

— Vai para a cidade?

Ambos riram quando ela respondeu afirmativamente. O médico continuou:

— Tire as medidas dela.

Eu estava em pé, debaixo de um medidor de altura apertado no topo da minha cabeça.

— Quanto? — perguntou o médico.

— Você sabe que não sei medir — disse ela.

— Sim, você sabe; continue. Qual a altura?

— Eu não sei. Tem alguns números lá, mas não sei dizer.

— Sim você pode. Agora olhe e me diga.

— Eu não sei; faça você mesmo — e eles riram novamente quando o doutor deixou seu lugar na mesa e avançou para ver por si mesmo.

— Um metro e sessenta e cinco centímetros; vê? — ele concluiu, pegando a mão dela e tocando os números.

Pela voz dela, senti que não tinha entendido ainda, mas isso não me dizia respeito, até porque o doutor Kinier pareceu encontrar algum prazer em ajudá-la. Então fui colocada na balança, e a enfermeira foi acrescentando os pesos até nivelá-la.

— Quanto? — perguntou o médico, tendo retomado sua posição na mesa.

— Não sei. Você terá que ver por si mesmo — novamente a enfermeira replicou, chamando-o pelo seu primeiro nome, o qual eu esqueci. Ele virou e também se dirigindo a ela pelo nome, disse:

— Está ficando muito atrevida! — e ambos riram.

Eu mesma disse o peso, "cinquenta quilos", para a enfermeira, e ela por sua vez repetiu para o médico.

— A que horas vai jantar? — ele perguntou, e ela respondeu.

O doutor Kinier deu mais atenção à enfermeira do que a mim, e para cada pergunta que fazia a mim, fazia seis a ela. Então escreveu meu destino no livro diante dele. Finalmente, eu disse:

— Não estou doente e não quero ficar aqui. Ninguém tem o direito de me trancafiar dessa maneira.

Ele não tomou conhecimento dos meus comentários e, tendo completado seus escritos, bem como sua conversa com a enfermeira, disse que já bastava e, com minhas companheiras, voltei para a sala de estar.

— Você toca piano? — elas perguntaram.

— Ah, sim, desde criança — respondi.

Logo elas insistiram para que eu tocasse, e me fizeram sentar numa cadeira de madeira diante de um antiquado piano de armário. Tirei algumas notas e a resposta sem afinação me deu calafrios.

— Que horror! — exclamei, virando-me para uma enfermeira, a senhorita McCarten, que estava ao meu lado. — Eu nunca toquei um piano tão desafinado.

— Que pena de você — disse ela, zombeteira —, vamos encomendar um do seu agrado.

Comecei a tocar as variações de "Home Sweet Home". A conversa cessou e todas as pacientes ficaram em silêncio, enquanto meus dedos frios se moviam lenta e rigidamente sobre o teclado. Terminei de maneira repentina e recusei todos os pedidos para tocar mais. Não vendo um lugar disponível para sentar, permaneci ainda na cadeira diante do piano enquanto escrutinava os arredores.

Era uma sala longa e vazia, com bancos amarelos sem graça ao redor, os quais, perfeitamente retos e igualmente desconfortáveis, poderiam acomodar cinco pessoas, embora em quase todos estivessem lotados com seis. Janelas gradeadas, a cerca de um metro e meio do chão, encaravam as duas portas duplas que davam para o corredor. Três litografias quebravam a brancura das paredes, uma de

Fritz Emmet e as outras de *negro minstrels*.[4] No centro da sala havia uma mesa larga coberta com uma toalha branca, e ao redor dela sentavam-se as enfermeiras. Tudo estava impecavelmente limpo e pensei como as enfermeiras deveriam ser boas trabalhadoras para manter essa ordem. Poucos dias depois, como eu ri da minha estupidez ao pensar que as enfermeiras é que trabalhavam.

Quando se deram conta de que eu não tocaria mais, a senhorita McCarten veio até mim dizendo, rudemente:

— Fora daqui — e fechou o piano com uma pancada.

— Brown, venha aqui — foi a próxima ordem que recebi da mulher grosseira de rosto vermelho que estava na mesa. — O que você tem?

— Minha roupa — retruquei.

Ela tirou meu vestido e minha saia e anotou um par de sapatos, um par de meias, um vestido, um chapéu de palha de marinheiro, e assim por diante.

---

4 *Gênero de teatro popular onde atores brancos com o rosto e as mãos pintados de preto satirizavam pessoas negras.*

CAPÍTULO X
O PRIMEIRO JANTAR

Terminado o exame, ouvimos alguém gritar: "Saiam e vão para o salão". Uma das pacientes explicou gentilmente que esse era um convite para jantar. Nós, que havíamos chegado mais tarde, tentamos nos manter juntas, logo entramos no salão e paramos à porta, onde todas as mulheres estavam amontoadas. Como tremeremos enquanto estávamos lá! As janelas estavam abertas e a corrente de ar passava zunindo pelo corredor. As pacientes pareciam azuis de frio e os minutos duravam horas. Por fim, uma das enfermeiras avançou e destrancou uma porta, através da qual nos aglomeramos para o patamar da escada. Aqui, novamente, houve uma longa parada diante de uma janela aberta.

— Quanta imprudência desses funcionários manterem essas mulheres pouco vestidas, em pé, no frio — disse a senhorita Neville.

Olhei para as pobres prisioneiras loucas tiritando e acrescentei, enfaticamente:

— Isto é terrivelmente brutal. Enquanto elas ficavam paradas lá, eu pensava que não teria como saborear o jantar daquela noite. Pareciam tão perdidas e sem esperança. Algumas tagarelavam bobagens para pessoas invisíveis, outras riam ou choravam sem razão, e uma velha, uma mulher de cabelo cinza, ficava me cutucando, e com piscadelas, acenos de cabeça e erguendo piedosamente os olhos e as mãos estava me assegurando que não deveria me importar com as pobres criaturas, porque todas eram malucas.

— Parem junto ao aquecedor — foi então ordenado — e fiquem em fila, duas a duas.

"Mary, arranje uma companhia." "Quantas vezes preciso lhe dizer para manter a fila?" "Fiquem quietas"; enquanto as ordens eram emitidas, um encontrão e um empurrão eram administrados e frequentemente punidos com um tapa nas orelhas. Depois dessa terceira e última parada, marchamos para uma sala de jantar longa e estreita, onde houve correria até a mesa.

A mesa tinha o comprimento da sala, não tinha toalha e era pouco convidativa. Longos bancos sem encosto foram colocados para as pacientes se sentarem, e sobre eles tiveram que engatinhar para conseguirem se posicionar diante da mesa. Dispostas ao longo da mesa, havia grandes tigelas cheias de um líquido rosa que as pacientes chamavam de chá. Do lado de cada tigela havia um pedaço de pão, uma fatia grossa e amanteigada. Um pequeno pires com cinco ameixas secas acompanhavam o pão. Uma mulher gorda se apressou, e levantando vários pires que estavam em volta dela, despejou o conteúdo deles no seu. Então, enquanto segurava a própria tigela, ela levantou outra e esvaziou seu conteúdo com um gole. Fez também, isso com uma segunda tigela, e em menos tempo do que levo para contar. De fato, fiquei tão absorvida com as façanhas dela que, quando olhei para o que me cabia, a mulher diante de mim, sem sequer disfarçar, pegou meu pão e me deixou sem nenhum. Outra paciente, vendo isso, ofereceu-me gentilmente o dela, mas eu declinei com um agradecimento. Voltei-me para a enfermeira e pedi mais. Enquanto ela jogava um naco grosso sobre a mesa, comentava sobre eu ter esquecido onde era minha casa, mas não ter esquecido como se come. Tentei o pão, mas a manteiga era tão horrível que chegava a ser intragável. Do outro lado da mesa, uma garota alemã de olhos azuis me disse que eu poderia ter pão sem manteiga se eu quisesse, e que muito poucas eram capazes de comer a manteiga. Voltei minha atenção para as ameixas secas e percebi que algumas poucas seriam suficientes. Uma paciente próxima me perguntou se poderia dá-las a ela. Eu dei. Minha tigela de chá foi tudo o que restou. Provei, e um gole foi suficiente. Não tinha açúcar e parecia feito no cobre. Era tão sem gosto quanto água. O chá também foi passado para uma paciente mais faminta, apesar dos protestos da senhorita Neville.

— Você deve se forçar a engolir a comida — ela disse —, caso contrário ficará doente e, vai que, com esse ambiente, pode acabar louca. Para ter um bom cérebro, é preciso cuidar do estômago.

— Mas é impossível comer essas coisas — respondi.

Apesar de toda insistência dela, não comi nada naquela noite.

Não demorou muito tempo para as pacientes consumirem tudo o que havia para comer sobre a mesa, e então recebemos ordens para formarmos uma fila no salão. Feito isso, as portas diante de nós foram destrancadas e fomos obrigadas a voltar para a sala de estar. Muitas das pacientes se aglomeravam perto de nós, e fui novamente instada a tocar, tanto por elas quanto pelas enfermeiras. Para agradar as pacientes, prometi que iria tocar e que a senhorita Tillie Mayard iria cantar. A primeira coisa que ela me pediu para tocar foi "Rock-a-bye Baby", e assim o fiz. Ela cantou lindamente.

CAPÍTULO XI
NO BANHO

Mais algumas poucas músicas e a senhorita Grupe nos mandou embora. Fomos acomodadas dentro de um banheiro úmido e frio, e me mandaram tirar a roupa. Eu protestei? Bem, eu nunca fiquei tão séria na minha vida como enquanto tentava suplicar. Elas disseram que se eu não tirasse, iriam me despir à força e que não seriam muito gentis. Notei que uma das mulheres mais loucas da enfermaria estava em pé junto à banheira cheia, com um pano grande e descolorido nas mãos. Ela conversava sozinha e ria de uma maneira que me pareceu diabólica. Soube então o que me esperava. Estremeci. Elas começaram a me despir e, peça por peça, tiraram minhas roupas. Tudo se foi, exceto uma peça de roupa. "Eu não vou tirá-la", eu disse com veemência, mas elas a removeram. Dei uma olhada no grupo de pacientes reunidas à porta assistindo a cena e pulei na banheira com mais energia do que graça.

A água estava gelada, e novamente comecei a protestar. Como foi inútil! Eu implorava, pelo menos, para que tirassem as pacientes, mas elas me mandavam calar a boca. A mulher louca começou a me esfregar. Não posso achar outra palavra para expressar que "abrasão". De uma pequena lata, pegou um sabonete macio e o friccionou pelo meu corpo todo, até pelo meu rosto e meu lindo cabelo. Fiquei sem poder ver ou ouvir, embora tenha implorado para que deixassem meu cabelo intocado. Esfrega, esfrega, esfrega, fazia a velha conversando consigo mesma. Meus dentes batiam e meus braços e minhas pernas estavam arrepiados e azuis de frio. De repente recebi, um após o outro, três baldes de água também gelada sobre a cabeça, nos olhos, nos ouvidos, no nariz e na boca. Acho que experimentei a sensação de uma pessoa que se afoga quando a mulher me arrastou, ofegante, sentindo calafrios e tremendo, da banheira. Pela primeira vez eu parecia uma louca. Captei de relance o olhar indescritível no rosto das minhas companheiras, que testemunharam meu destino e sabiam que o delas estava próximo. Incapaz de me controlar diante da imagem absurda em que me apresentava, caí na gargalhada. Elas me colocaram, pingando, em uma camisola de flanela, com um rótulo na extremidade em grandes letras pretas, "Manicômio, I. B. A. 6.". As letras significavam "Ilha Blackwell, Ala 6".

A essa altura, a senhorita Mayard já estava despida e, por mais que eu odiasse meu banho recente, eu teria tomado outro se isso pudesse ter lhe poupado a experiência. Imagine mergulhar aquela garota doente em um banho frio como fizeram comigo, e eu, que nunca estive doente, tremi como se estivesse com febre. Eu a ouvi explicar à senhorita Grupe que sua cabeça ainda estava dolorida por causa de sua doença. Seu cabelo era curto e na maior parte tinha caído, e ela pediu para que a mulher louca esfregasse com mais suavidade, mas a senhorita Grupe disse:

— Não vai machucar. Cale a boca ou vai ser pior para você.

A senhorita Mayard calou-se, e essa foi a última vez que olhei para ela aquela noite.

Fui empurrada para um quarto com seis camas e me colocaram numa delas quando alguém apareceu e me arrancou para fora, dizendo:

— Nellie Brown precisa ficar em um quarto sozinha esta noite, acho que ela é barulhenta.

Fui levada para o quarto 28 e tentei afundar a mão no colchão. Foi uma tarefa impossível. A cama era alta no centro e inclinada em ambos os lados. Logo que deitei, minha cabeça inundou o travesseiro com água, e minha toalha molhada transferiu a umidade para o lençol. Quando a senhorita Grupe entrou, perguntei a ela se eu não poderia ter uma outra camisola.

— Não temos esse tipo de coisa nesta instituição — ela disse.

— Não gosto de dormir sem camisola.

— Bem, não me importo com isso — retrucou. — Você está numa instituição pública agora, e não pode esperar conseguir nada. Isso é caridade, e você deve estar agradecida pelo que tem.

— Mas os impostos municipais são pagos para manter esses lugares — insisti —, bem como para as pessoas serem gentis com os infelizes trazidos para cá.

— Bem, não vai esperando qualquer tipo de gentileza aqui, pois não vai ter — ela concluiu, indo embora e fechando a porta.

Um lençol e uma lona impermeável ficavam sob mim, e outro lençol e um cobertor, acima. Eu nunca senti nada tão irritante quanto aquele cobertor de lã, que tentava manter em volta dos meus ombros para impedir que o frio entrasse. Quando eu o puxava para cima, deixava os pés descobertos, e quando puxava para baixo, os ombros ficavam expostos. Não havia mais nada no quarto além da cama e de mim. Assim que a porta foi fechada, imaginei que me deixaria em paz à noite, mas ouvi o barulho dos passos pesados de duas mulheres no fundo do corredor. Elas paravam a cada porta, a destrancavam e pouco depois podia ouvi-las trancando a porta novamente. Faziam isso sem minimamente se preocupar em ser silenciosas, para cima e para baixo no corredor até chegarem no meu quarto. Aqui elas pararam. A chave foi colocada na fechadura e depois girada. Observei que estavam prestes a entrar. Entraram, usando vestidos listrados de marrom e branco, presos por botões metálicos, grandes aventais brancos, um pesado cordão verde na cintura, do qual pendia um grande molho de chaves e toucas brancas. Por estarem vestidas como as atendentes do dia, eu sabia que eram enfermeiras. A primeira carregava uma lanterna e apontou sua luz para o meu rosto enquanto dizia à assistente:

— Esta é Nellie Brown.

Olhando para ela, perguntei:

— Quem é você?

— Sou a enfermeira do turno da noite, minha querida — ela respondeu, e desejando que eu dormisse bem, foi embora e trancou a porta.

Várias vezes durante a noite entraram no meu quarto, e mesmo que eu tivesse conseguido dormir, o destrancar da porta pesada, a conversa alta e o passo pesado me despertavam.

Não pude dormir, então fiquei na cama imaginando o horror que seria caso um incêndio se alastrasse pelo asilo. Cada porta era trancada separadamente e as janelas tinham grades pesadas, logo escapar seria impossível. Só em um dos edifícios havia, acho que ouvi o doutor Ingram dizer, umas trezentas mulheres. Elas eram trancadas, cada quarto com até dez pacientes. Era impossível sair, a menos que essas portas estivessem destrancadas. Um incêndio não é improvável, é um incidente dos mais frequentes. Se o prédio arder em chamas, os carcereiros ou as enfermeiras nunca pensariam em libertar as pacientes loucas. Isso poderei provar mais tarde, quando for contar o tratamento cruel que eles dão às pobres coitadas que lhes são confiadas. Como eu disse, em caso de incêndio, nem uma dúzia de mulheres conseguiria escapar. Todas seriam deixadas para assar até a morte. Mesmo que as enfermeiras fossem gentis, o que não são, exigiria mais presença de espírito do que as mulheres nesse ofício têm para arriscar nas chamas a própria vida, enquanto abrissem as centenas de portas para as prisioneiras loucas. A menos que alguma coisa mude, será um dia um conto de horror sem precedentes.

Nesse contexto, um incidente curioso aconteceu pouco antes da minha libertação. Eu estava conversando com o doutor Ingram sobre muitas coisas, e finalmente disse a ele o que pensava sobre o que aconteceria no caso de um incêndio.

— É esperado que as enfermeiras abram as portas — disse ele.

— Mas o senhor sabe perfeitamente que elas não se arriscariam para isso — e sentenciei — estas mulheres queimariam até a morte.

Ele ficou em silêncio, incapaz de contradizer minha afirmação.

— Por que não faz alguma coisa para mudar isso? — perguntei.

— O que eu posso fazer? — ele respondeu. — Dou sugestões até que meu cérebro esteja cansado, mas de que serve? O que você faria? — ele perguntou, virando-se para mim, a garota declarada louca.

— Bem, eu deveria insistir para que colocassem uma tranca, como já vi em alguns lugares, que, bastando girar uma única manivela no final do corredor, possibilita trancar ou destrancar todas as portas de um lado. Assim haveria alguma chance de escapar. Agora, com cada porta sendo trancada separadamente, não há chance nenhuma.

O doutor Ingram virou-se para mim com um olhar ansioso em seu rosto gentil, enquanto perguntava lentamente:

— Nellie Brown, em qual instituição você esteve antes de vir parar aqui?

— Nenhuma. Eu nunca fui confinada em nenhuma instituição em minha vida, com exceção do internato.

— Onde então você viu as fechaduras que descreveu?

Eu as tinha visto na nova Penitenciária Ocidental, em Pittsburgh, Pensilvânia, mas não me atrevi a dizer isso. Apenas respondi:

— Ah, eu as vi em um lugar em que eu estive, quero dizer, como visitante.

— Há apenas um lugar que eu conheço onde eles têm essas fechaduras — disse ele, tristemente — e isso é em Sing Sing.[5]

A dedução era conclusiva. Sorri honestamente com essa acusação implícita, e tentei assegurá-lo de que eu nunca tinha, até aquela data, sido detenta em Sing Sing e que jamais havia visitado aquele lugar.

---

5   *Prisão de segurança máxima no estado de Nova York.*

Assim que começou a amanhecer, fui dormir. Não me pareceu ter passado muito tempo até que fui rudemente despertada e ordenada a levantar, a janela sendo aberta e a roupa arrancada de mim. Meu cabelo ainda estava molhado e eu sentia dor por todo o corpo, como se tivesse reumatismo. Algumas roupas foram atiradas no chão e me disseram para colocá-las. Perguntei pelas minhas roupas, mas a enfermeira que era aparentemente a chefe, senhorita Grady, me disse para pegar o que tinha e ficar quieta. Olhei para aqueles trajes. Uma anágua feita de algodão grosso e escuro e um vestido branco barato de chita com uma mancha preta. Amarrei as cordas da saia em volta de mim e coloquei o vestidinho. Era feito, como todos os outros usados pelas pacientes, com uma cintura justa, costurada em uma saia reta. Ao abotoar a cintura, notei que a anágua era cerca de quinze centímetros mais comprida que a parte de cima, e por um momento me sentei na cama e ri da minha aparência. Nenhuma mulher jamais desejou um espelho mais do que eu naquele momento.

Vi as outras pacientes correndo pelo corredor, então decidi não ficar de fora de nada que estivesse acontecendo. Éramos quarenta e cinco pacientes na ala 6 e fomos enviadas ao banheiro, onde havia apenas duas toalhas grosseiras. Assisti a pacientes com as mais perigosas erupções por todo o rosto secando-se nas toalhas e depois vi mulheres com a pele saudável utilizando-se das mesmas peças. Fui à banheira e lavei o rosto na torneira aberta, e minha anágua fez as vezes de toalha. Antes de ter completado minhas abluções, um banco foi trazido para dentro do banheiro. As senhoritas Grupe e McCarten chegaram com pentes nas mãos. Ordenaram que sentássemos no banco, e o cabelo de quarenta e cinco mulheres foi penteado por uma paciente e duas enfermeiras com seis pentes. Assim que vi algumas das cabeças cheias de feridas sendo penteadas, pensei que era mais uma coisa que eu não tinha previsto. A senhorita Tillie Mayard tinha o próprio pente, mas ele foi confiscado pela senhorita Grady. Ah, que penteada aquela! Eu nunca tinha percebido antes o que significava a expressão "vou te dar uma escovada!" mas naquela hora aprendi. Meu cabelo, todo emaranhado e molhado da noite anterior, foi puxado e arrancado e, depois de protestar em vão, cerrei os dentes e suportei a dor. Elas se recusaram a devolver meus grampos de cabelo, e meu cabelo foi arrumado em uma trança e amarrado com um trapo de algodão vermelho. Minha franja ondulada se recusava a ficar para trás, de modo que foi o que restou da minha antiga glória.

Depois disso, fomos para a sala de estar e procurei por minhas companheiras. Foi uma busca inútil porque eu era incapaz de distingui-las das outras pacientes, mas depois de um tempo reconheci a senhorita Mayard pelo seu cabelo curto.

— Como conseguiu dormir depois daquele banho frio?

— Quase congelei, e além disso, o barulho me manteve acordada. Foi horrível! Meus nervos estavam tão tensos antes de vir para cá, e tenho medo de que não possa ser capaz de suportar a pressão.

Fiz o melhor que pude para animá-la. Pedi que recebêssemos roupas adicionais, pelo menos tantas quanto o costume diz que as mulheres devem usar, mas me mandaram calar a boca; teríamos só o que eles nos dessem.

Fomos obrigadas a levantar às cinco e meia, e às sete e quinze mandaram que nos reuníssemos no corredor, onde a experiência de aguardar, como na noite anterior, foi repetida. Quando finalmente chegamos ao refeitório, encontramos uma tigela de chá frio, uma fatia de pão com manteiga e um pires de mingau de aveia com melaço para cada paciente. Eu estava faminta, mas a comida não desceu. Pedi pão sem manteiga e me deram. Não consigo lembrar de nada com aquela cor de preto sujo. Estava duro, e em alguns lugares era só massa seca. Encontrei uma aranha na minha fatia e decidi não comer. Experimentei o mingau de aveia e o melaço, mas era insuportável e, por isso, esforcei-me, mas sem muito sucesso, para engolir o chá.

Depois que fomos mandadas de volta à sala de estar, ordenaram que uma parte das mulheres arrumasse as camas, a outra fosse lavar roupa e à outra foram dadas diferentes tarefas que cobriam todo o trabalho no salão. Não são as atendentes que mantêm a instituição arrumada para as pobres pacientes, como eu pensara; são as próprias pacientes que fazem tudo sozinhas — até limpar os quartos das enfermeiras e cuidar de suas roupas.

Às nove e meia, as novas pacientes, grupo ao qual eu pertencia, foram mandadas para ver o médico. No consultório, meus pulmões e meu coração foram examinados pelo jovem médico sedutor, que foi o primeiro a nos ver no dia em que entramos. Quem fez o relatório, se não me engano, foi o superintendente assistente, doutor Ingram. Depois de responder algumas perguntas, fui autorizada a retornar à sala de estar.

Entrei e vi a senhorita Grady com meu caderno e meu lápis comprido, comprados para a ocasião.

— Quero meu livro e meu lápis — eu disse com sinceridade. — Isso me ajuda a lembrar das coisas.

Eu estava muito ansiosa para reaver meu caderno e fazer anotações, e fiquei decepcionada quando ela disse:

— Você não pode ficar com isso, então cale a boca.

Alguns dias mais tarde, perguntei ao doutor Ingram se poderia ter minhas coisas de volta e ele prometeu considerar o assunto. Quando me referi novamente ao assunto, ele disse que a senhorita Grady lhe informou que eu só havia levado um caderno para lá, mas não o lápis. Fiquei irritada e insisti que sim, no que fui aconselhada a resistir às imaginações do meu cérebro.

Depois que as tarefas domésticas foram concluídas pelas pacientes, e como o dia estava bonito, apesar de frio, nos deixaram sair do salão vestidas com xales e chapéus para uma caminhada. Pobres pacientes! Que ansiosas estavam por respirar ar livre; que ansiosas estavam por uma breve libertação de sua prisão. Entraram rapidamente no corredor e houve correria em busca de chapéus. Que chapéus!

CAPÍTULO XII

PASSEIO COM MULHERES LOUCAS

Nunca me esquecerei da minha primeira caminhada. Quando todas as pacientes colocaram seus chapéus de palha brancos, como as banhistas usam em Coney Island, não pude deixar de rir da aparência cômica. Não consegui distinguir uma mulher de outra. Perdi a senhorita Neville de vista e tive que tirar o chapéu para procurá-la. Quando nos encontramos, colocamos nossos chapéus e rimos uma da outra. Duas a duas, formamos uma fila e, vigiadas pelas atendentes, retomamos a trilha.

Não tínhamos dado muitos passos quando vi, vindo de outro caminho, longas filas de mulheres vigiadas por enfermeiras. Eram tantas! Em todos os lados que olhava, eu podia vê-las naqueles vestidos esquisitos, chapéus de palha engraçados e xales, marchando lentamente ao redor. Assisti ansiosamente às filas que passavam e um sentimento de horror tomou conta de mim com aquela visão. Olhos vazios e rostos sem expressão, suas línguas proferindo palavras desconexas. Um grupo passou e notei, tanto pelo nariz quanto pelos olhos, que estavam terrivelmente sujas.

— Quem são elas? — perguntei a uma paciente próxima a mim.

— São consideradas as mais violentas da ilha — foi a resposta. — São do Abrigo, o primeiro edifício com os degraus altos.

Algumas gritavam, outras xingavam, outras cantavam, oravam ou pregavam, conforme a alucinação as atingia, e elas formavam a coleção mais miserável de seres humanos que eu já tinha visto. Quando o ruído da passagem delas foi sumindo à distância, surgiu outra visão que jamais esquecerei: uma corda comprida estava amarrada a largos cintos de couro, os quais prendiam a cintura de cinquenta e duas mulheres. No final da corda, havia um carrinho de ferro pesado; nele, duas mulheres — uma cuidando do pé dolorido, outra gritando para uma enfermeira: "você me bateu e eu não vou esquecer isso. Você quer me matar", e ela soluçava e chorava. As mulheres da "gangue da corda", como as pacientes chamam, estavam cada uma ocupada com seus delírios individuais. Algumas gritavam o tempo todo. Uma, que tinha olhos azuis, me viu olhando para ela, se virou o mais rápido que pôde, balbuciando e sorrindo com aquele olhar terrível de insanidade absoluta estampado na face. Os médicos podem diagnosticar com segurança o caso dela. O horror daquela visão para alguém que nunca havia estado perto de uma pessoa louca antes era algo indescritível.

— Deus as ajude! — sussurrou a senhorita Neville. — É tão terrível que não consigo olhar.

Elas seguiram adiante, apenas para que outras mais viessem em seu lugar. Podem imaginar essa visão? De acordo com um dos especialistas, existem mil e seiscentas mulheres loucas na Ilha de Blackwell.

Loucas! O que pode ser tão horrível? Meu coração ficou tomado de pena quando vi mulheres velhas de cabelos grisalhos conversando a esmo.

Uma mulher vestia uma camisa de força e duas mulheres tinham que arrastá-la. Aleijadas, cegas, velhas, jovens, modestas e bonitas, uma absurda massa humana. Nenhum destino poderia ser pior.

Olhei aqueles lindos gramados, que eu havia considerado um conforto para as pobres criaturas confinadas na ilha e ri de minhas presunções. Que prazer isso traria a elas? Não permitem que elas fiquem no gramado, é apenas para se olhar. Vi algumas pacientes entusiasmadas e cuidadosamente catando uma noz ou uma folha colorida que havia caído no caminho, mas não podiam ficar com isso. As enfermeiras sempre as forçavam a jogar fora esses pequenos confortos de Deus.

Assim que passei por um pavilhão baixo, onde uma multidão de loucas indefesas estava confinada, li um lema na parede: "Enquanto estiver vivo, tenho esperança". O absurdo daquela frase me atingiu com força. Eu gostaria de colocar acima dos portões que se abrem para o manicômio: "Vós, que entrais, abandonai toda a esperança".

Durante a caminhada, fui incomodada pelas enfermeiras que, tendo ouvido falar da minha romântica história, ficavam perguntando às responsáveis qual entre nós era Nellie Brown. Apontavam o dedo para mim repetidamente.

Não demorou muito para chegar a hora do jantar, e eu estava com tanta fome que senti que podia comer qualquer coisa. A mesma velha história de ficar de quarenta e cinco minutos a uma hora em pé no corredor foi repetida antes de entrarmos no refeitório. As tigelas em que tomamos nosso chá estavam agora cheias de sopa e, em um prato, havia uma batata cozida fria e um naco de carne, que, após uma investigação, provou estar levemente estragada. Não havia facas ou garfos, e as pacientes pareciam bastante selvagens enquanto pegavam a carne dura com os dedos e a rasgavam com os dentes. Aquelas sem dentes ou com dentes ruins não conseguiam comê-la. Uma colher foi dada para a sopa e um pedaço de pão foi a entrada final. Manteiga nunca é permitida no jantar, nem café ou chá. A senhorita Mayard não conseguia comer, e vi muitas das que estavam doentes se afastarem com nojo. Eu estava ficando muito fraca por falta de comida e tentei comer uma fatia de pão. Depois das primeiras mordidas, a fome se manifestou e eu fui capaz de comer tudo, menos as cascas de uma fatia.

O superintendente Dent entrou pela sala de estar, cumprimentando com um ocasional "Como vai?", "Como está hoje?", aqui e ali entre as pacientes. A voz dele era tão fria quanto o salão, e as pacientes não faziam qualquer movimento para contar a ele seus sofrimentos. Disse para algumas que falassem como estavam sofrendo com o frio e a falta de roupas, mas elas disseram que a enfermeira poderia bater nelas se contassem.

Nunca fiquei tão cansada quanto fui ficando naqueles bancos. Várias pacientes sentavam-se de lado ou colocavam um pé em cima do banco para mudar um pouco a posição, mas eram sempre repreendidas e instruídas a sentarem-se eretas. Se falavam, eram repreendidas e mandadas calar a boca; se queriam andar um pouco a fim de tirar a rigidez do corpo, mandavam que se sentassem e ficassem quietas. O que, com a exceção da tortura, levaria mais rapidamente à loucura do que esse tratamento? Aqui as mulheres eram enviadas para serem curadas. Eu gostaria que os médicos especialistas que estão me condenando pelo que fiz, o que só provou a habilidade deles, escolhessem uma mulher perfeitamente saudável, a fizessem calar a boca e sentar-se das seis da manhã às oito da noite em bancos sem encosto, não permitindo que ela falasse ou se movesse durante todo esse tempo; que a deixassem sem ler nada e que não ficasse sabendo nada do mundo ou do que acontece e dessem a ela comida ruim e tratamento ríspido; e então vissem em quanto tempo ela ficaria louca. Dois meses seriam suficientes para transformá-la em uma ruína mental e física.

Descrevi meu primeiro dia no manicômio e, como meus outros nove foram exatamente os mesmos no decorrer do tempo, seria cansativo contar sobre cada um. Ao contar essa história, espero mesmo ser contestada por muitos que foram expostos aqui. Apenas relato, com palavras simples e sem exageros, como foi minha vida em um hospício por dez dias. Comer era uma das coisas mais terríveis. Com exceção dos dois primeiros dias após minha chegada, não havia sal para a comida. As mulheres com fome e extremamente famintas tentavam comer aquele grude. Mostarda e vinagre eram colocados na carne e na sopa para dar um gosto, mas isso só ajudava a piorar. Mesmo isso foi consumido depois de dois dias, e as pacientes tiveram que tentar engolir peixe fresco, só fervido em água, sem sal, pimenta ou manteiga; carne de carneiro, de vaca e batatas sem nenhum tempero. As mais doentes recusaram-se a engolir a comida e foram tratadas com punição. Em nossas curtas caminhadas, passamos pela cozinha onde a comida de enfermeiras e médicos era preparada. Lá tivemos vislumbres de melões e uvas e todos os tipos de frutas, um bonito pão branco e carnes agradáveis, e a sensação de fome parecia ter aumentado dez vezes. Conversei com alguns médicos, mas não obtive resultado, e quando fui embora a comida continuava sem sal.

Meu coração doeu ao ver as pacientes ficarem ainda mais doentes à mesa. Vi a senhorita Tillie Mayard tão enojada depois de uma mordida que ela teve que sair correndo da sala de jantar e depois recebeu uma bronca por isso. Quando as pacientes reclamavam da comida, mandavam que calassem a boca; que nunca a comida seria tão boa quanto a da casa delas e que isso era bom demais para pacientes de caridade.

Uma garota alemã, Louise — eu esqueci seu sobrenome —, não comeu por vários dias e, por último, certa manhã, ela não apareceu. Da conversa das enfermeiras, descobri que ela estava com febre alta. Pobre coitada! Aquela moça me disse que rezava incessantemente pela morte. Vi as enfermeiras mandarem uma paciente com a comida que tinha sido recusada pelas outras. Imagine dar tal coisa a uma pessoa com febre! É claro que ela recusou. Então vi uma enfermeira, a senhorita McCarten, ir verificar sua temperatura, e ela voltou relatando que estava em torno de 65 graus. Eu ri dessa informação estapafúrdia, e a senhorita Grupe, vendo isso, perguntou-me qual foi a maior temperatura que eu já tivera. Eu me recusei a responder. A senhorita Grady decidiu então testar sua habilidade. Ela voltou com a informação de 37 graus.

A senhorita Tillie Mayard sofria mais do que qualquer uma de nós por causa do frio, no entanto tentou seguir meu conselho para se animar e aguentar mais um pouco. O superintendente Dent trouxe um homem para me ver. Ele conferiu meu pulso e examinou-me a cabeça e a língua. Contei a eles sobre o frio que estávamos passando e garanti que não precisava de ajuda médica, mas que a senhorita Mayard sim, e eles deveriam transferir suas atenções para ela. Nenhum deles me respondeu, mas eu fiquei satisfeita de ver a senhorita Mayard deixar seu lugar e vir em direção a eles. Ela falou com os médicos e contou que estava doente, mas eles não lhe deram atenção. As enfermeiras vieram e a arrastaram de volta ao banco, e depois que os médicos partiram, disseram: "Depois de um tempo, quando perceber que os médicos não se importam com você, vai deixar de correr até eles". Antes da saída dos médicos, ouvi um deles dizer — não sou capaz de reproduzir as palavras exatas — que meu pulso e olhos não eram o de uma garota louca, mas o superintendente Dent assegurou-o de que, em casos como o meu, tais testes falhavam. Insistindo, ele disse ainda que meu rosto era o mais radiante que já havia visto em uma louca. As enfermeiras usavam roupas e casacos pesados, mas se recusavam a nos dar xales. Praticamente toda a noite ouvi uma mulher chorar por causa do frio e pedir a Deus que a deixasse morrer. Outra gritava "assassinos!" em intervalos frequentes, intercalados com "polícia", até deixar minha pele toda arrepiada.

Na segunda manhã, depois de termos começado nosso interminável "plano" para o dia, duas das enfermeiras, assistidas por algumas pacientes, trouxeram a mulher que havia implorado na noite anterior que Deus a levasse embora. Não fiquei surpresa com as súplicas dela. Ela aparentava facilmente ter setenta anos de idade e era cega. Ainda que os salões estivessem gelados, aquela velha não usava mais roupas do que o resto de nós, as quais já descrevi. Quando foi trazida para a sala de estar e colocada no banco duro, ela chorou:

— O que estão fazendo comigo? Eu estou com frio, muito frio. Por que não posso ficar na cama ou usar xale? — e então ela se levantava e se esforçava para tatear o caminho para sair da sala. Às vezes, as atendentes a puxavam de volta para o banco e, outras vezes, a deixavam andar e riam sem coração quando se chocava contra a mesa ou na beirada dos bancos. Certa vez ela disse que os sapatos pesados que a caridade fornecia machucavam seus pés e os tirou. As enfermeiras fizeram duas pacientes colocá-los novamente, e quando ela fez isso várias vezes, e lutou contra colocá-los à força, contei sete pessoas ao mesmo tempo tentando calçar os sapatos nela. Em seguida, a velha mulher tentou deitar-se no banco, mas a puxaram para cima de novo. Era de cortar o coração ouvi-la chorar:

— Por favor, me deem um travesseiro e uma coberta, estou com tanto frio!

Logo vi a senhorita Grupe sentar-se sobre ela e passar as mãos frias pelo rosto da mulher e no pescoço, por dentro do vestido. Ela ria selvagemente com os gritos da velha, assim como as outras enfermeiras, e repetia seus movimentos cruéis. Naquele dia, a velha foi levada para outra ala.

CAPÍTULO XIII
ESTRANGULAMENTO E
ESPANCAMENTO DE PACIENTES

A senhorita Tillie Mayard sofria muito por causa do frio. Certa manhã ela se sentou no banco ao meu lado e estava lívida. Os membros tremiam e os dentes batiam. Falei com as três atendentes que usavam casacos e que estavam sentadas perto da mesa no centro do pavimento.

"É cruel prender pessoas e congelá-las", eu disse. As enfermeiras responderam que ela recebia o mesmo que qualquer uma das outras, e que não teria mais que isso. Nesse momento, a senhorita Mayard teve um ataque e todas as pacientes ficaram assustadas. A senhorita Neville a envolveu nos braços e a conteve, ainda que as enfermeiras dissessem grosseiramente: "Deixe-a cair no chão; isso vai ensinar a ela uma lição". A senhorita Neville disse o que pensava sobre as atitudes delas, e então recebi ordens para comparecer ao escritório.

Quando cheguei lá, o superintendente Dent me recebeu e eu contei a ele como estávamos sofrendo com o frio e sobre a situação da senhorita Mayard. Sem dúvida não fui muito coerente porque falei sobre o estado da comida, o tratamento das enfermeiras, a recusa em nos dar agasalhos, a situação da senhorita Mayard e as enfermeiras nos dizendo que o asilo era uma instituição pública e que não poderíamos esperar qualquer gentileza. Assegurando-lhe de que eu não precisava de assistência médica, disse-lhe para ir ver a senhorita Mayard. E ele foi. Da senhorita Neville e das outras pacientes, soube o que se sucedeu. A senhorita Mayard ainda estava transtornada, e ele a agarrou bruscamente pelo topo da cabeça e beliscou a região até que seu rosto ficasse vermelho com o sangue que lhe subiu à cabeça, e seus sentidos retornaram. O resto do dia ela padeceu de uma terrível dor de cabeça e a partir daí foi ficando pior.

Louca? Sim, louca; e enquanto observava a insanidade lentamente tomando conta da mente que antes parecia estar bem, secretamente maldisse os médicos, as enfermeiras e todas as instituições públicas. Podem até dizer que ela tinha sido louca em algum momento antes de ser enviada para o manicômio. E se ela fosse mesmo, ou tivesse ficado, seria este o lugar certo para enviar uma mulher que só precisava convalescer, para tomar banhos frios, ser privada de roupas suficientes e alimentada com uma comida horrível?

Naquela manhã tive uma longa conversa com o doutor Ingram, o superintendente assistente do asilo. Descobri que ele era gentil com os seres indefesos sob sua responsabilidade. Comecei com minha antiga queixa sobre o frio, e ele chamou a senhorita Grady para o consultório e ordenou que desse mais roupas para as pacientes. A senhorita Grady tratou logo de me advertir que, se eu ficasse contando, a coisa ficaria séria para mim.

Muitos visitantes à procura de garotas desaparecidas vieram me ver. A senhorita Grady gritou à porta do corredor um dia: "Nellie Brown, você foi requisitada".

Fui à sala de estar no final do corredor e lá estava um cavalheiro que me conhecia intimamente há anos. Vi pelo repentino empalidecimento de seu rosto e sua incapacidade de falar que me ver foi algo totalmente inesperado para ele e que o chocou terrivelmente. Num instante, decidi que, se ele traísse meu disfarce, eu iria dizer que nunca o tinha visto antes. No entanto eu tinha uma carta na manga e arrisquei. Com a senhorita Grady a uma curta distância, sussurrei apressadamente para ele, numa linguagem mais expressiva que elegante: "Não me entregue."

Eu sabia pela expressão de seus olhos que ele havia entendido, então eu disse à senhorita Grady:

— Não conheço esse homem.

— O senhor a conhece? — perguntou a senhorita Grady.

— Não, essa não é a jovem que estou procurando — respondeu ele com a voz tensa.

— Se não a conhece, não pode ficar aqui — disse ela, e o levou até a porta. De repente, me ocorreu um medo de que ele pensasse que eu havia sido enviada para lá por algum engano e que iria contar a meus amigos e faria um esforço para me libertar. Esperei até que a senhorita Grady destrancasse a porta; eu sabia que ela teria que trancá-la antes de ir embora, e o tempo necessário para isso me daria oportunidade de falar, então o chamei:

— Um momento, *señor*.

Ele voltou-se para mim e eu perguntei em voz alta:

— Fala espanhol, *señor*? — e depois sussurrei — Está tudo bem. Estou atrás de uma matéria. Fique tranquilo. — Não — ele disse, com uma ênfase peculiar que eu sabia que significava que ele manteria meu segredo.

As pessoas no mundo não podem imaginar a duração dos dias para quem está internada nesses asilos. Pareciam nunca terminar, e nós dávamos as boas-vindas a qualquer evento que pudesse nos dar alguma coisa para pensar ou também falar. Não há nada para ler, e o pouco de conversa que nunca se esgota é a conjectura sobre as deliciosas comidas que comeríamos tão logo pudéssemos sair de lá. Ansiávamos pela hora em que o barco chegava para ver se havia novas infelizes para engrossar nossas fileiras. Quando chegavam e eram levadas à sala de estar, as pacientes expressavam consideração uma pela outra e ficavam ansiosas para mostrar-lhes pequenos sinais de atenção. A Ala 6 era o salão de recepção, e foi assim que víamos todas as recém-chegadas.

Logo após a minha chegada, uma menina chamada Urena Little-Page foi trazida. Ela era, de nascença, um tanto boba, e seu ponto sensível era, como em muitas mulheres sensatas, a idade. Ela dizia ter dezoito anos e ficava com muita raiva se fosse dito o contrário. As enfermeiras não demoraram a descobrir isso e passaram a provocá-la.

— Urena — dizia a senhorita Grady —, os médicos disseram que você tem trinta e três em vez de dezoito — e as outras enfermeiras riam. Elas faziam isso até que a criatura simplória começasse a soluçar e a chorar, dizendo que queria ir para casa e que todo mundo a tratava mal. Depois de se divertirem com ela, fazendo-a chorar, as enfermeiras começavam a repreendê-la e diziam para que ficasse quieta. Urena foi ficando cada vez mais histérica até que elas a golpearam, deram tapas em seu rosto e bateram em sua cabeça de maneira enérgica. Isso fez a pobre criatura chorar mais, e então a estrangularam. Sim, literalmente a estrangularam. Em seguida, a arrastaram para uma sala, e ouvi seus gritos aterrorizados sendo abafados. Depois de várias horas de ausência, ela voltou à sala de estar, e vi claramente as marcas dos dedos em sua garganta durante o dia inteiro.

Esse castigo parece que as deixou com vontade de mais punições. Voltaram para a sala de estar e agarraram uma velha de cabelos grisalhos, a quem ouvi se dirigirem tanto como senhora Grady quanto como senhora O'Keefe. Ela falava quase continuamente consigo mesma e com os que estavam ao seu redor. Nunca falou muito alto, e naquele momento estava sentada inofensivamente, conversando consigo mesma. As enfermeiras a agarraram, e meu coração doeu quando ela chorou:

— Por Deus, senhoras, não as deixem me bater.

— Cale a boca, sua petulante — disse a senhorita Grady, enquanto pegava a mulher pelos cabelos grisalhos e a arrastava, gritando e implorando, pela sala. Ela também foi levada para aquele outro cômodo, e seus gritos ficaram cada vez mais baixos, e então cessaram.

As enfermeiras voltaram à sala e a senhorita Grady comentou que havia "sossegado a velha tola por um tempo". Contei para alguns dos médicos o que ocorreu, mas eles não deram nenhuma atenção.

Uma das personagens da ala 6 era Matilda, uma velhinha alemã que, acredito, ficou louca após perder seu dinheiro. Ela era pequena e tinha uma bela tez rosada. Não era muito problemática, só às vezes. Costumava ter surtos, quando então falava com os aquecedores ou se encarapitava em uma cadeira e conversava para fora das janelas. Nessas conversas, ela xingava os advogados que haviam tomado sua propriedade. As enfermeiras pareciam encontrar muita diversão em provocar aquela velha alma inofensiva. Um dia, sentei-me ao lado da senhorita Grady e da senhorita Grupe e as ouvi dizer a Matilda coisas completamente asquerosas para que depois repetisse à senhorita McCarten. Depois de dizer a Matilda para que falasse aquelas coisas, as enfermeiras a mandaram para outra ala, mas Matilda provou que, mesmo em seu estado, tinha mais bom senso que elas.

— Eu não posso contar. É particular — foi tudo o que disse. Vi a senhorita Grady, com o pretexto de sussurrar para ela, cuspir em sua orelha. Matilda se limpou em silêncio e não disse nada.

CAPÍTULO XIV
HISTÓRIAS DE INFORTÚNIO

Nessa altura, já tinha conhecido boa parte das quarenta e cinco mulheres da Ala 6. Deixem-me apresentar algumas delas. Louise, a bonita garota alemã a respeito de quem eu falei anteriormente, a que teve febre, tinha o delírio de que os espíritos de seus pais mortos estavam com ela. "Recebi muitas surras da senhorita Grady e de suas assistentes", ela disse, "e sou incapaz de comer a comida horrível que elas nos dão. Não devo ser obrigada a congelar por falta de roupas apropriadas. Ah, eu rezo toda noite para que seja levada para meu papai e minha mamãe. Uma noite eu estava internada em Bellevue, e o doutor Field veio. Eu estava na cama, cansada do exame. Por fim, eu disse: 'estou cansada disso. Não falo mais nada'. 'Ah, não vai falar?', ele disse irritado. 'Vai ver se não posso fazê-la falar.' Com isso, ele deitou a bengala de lado e, levantando-se, me beliscou muito nas costelas. Pulei na cama e disse: 'O que significa isso?'. 'Quero ensiná-la a obedecer quando falo com você', respondeu ele. Se ao menos eu morresse e me encontrasse com papai...". Quando parti, ela estava com febre e confinada na cama, talvez a essa altura ela já tenha conseguido o que desejava.

Há uma francesa confinada na Ala 6, ou havia durante a minha estada, que eu acredito ser perfeitamente sã. Eu a observei e conversei com ela todos os dias, com exceção dos três últimos, e não consegui encontrar nela qualquer alucinação ou mania. Seu nome é Josephine Despreau, se for assim mesmo que se escreve, e seu marido e todos os seus amigos estão na França. Josephine sentia profundamente a situação em que estava. Seus lábios tremiam e ela começava a chorar quando falava de sua condição de desamparo.

— Como veio parar aqui? — perguntei uma vez.

— Um dia, enquanto tentava tomar o café da manhã, fiquei profundamente doente, e dois policiais foram chamados pela mulher da casa em que eu morava e fui levada para a delegacia. Não consegui entender os procedimentos que estavam aplicando e eles prestaram pouca atenção à minha história. As coisas neste país eram novas para mim e, antes que eu percebesse, fui trancada como louca neste asilo. Quando tinha acabado de chegar, chorei porque estava aqui sem esperança de libertação e, por chorar, a senhorita Grady e suas assistentes me estrangularam até machucar minha garganta, que está dolorida desde então.

Uma linda jovem judia falava tão pouco inglês que eu não conseguia entender sua história, a não ser quando contada pelas enfermeiras. Disseram que seu nome era Sarah Fishbaum e que o marido a internou ali porque ela gostava de outros homens além dele. Tomando por certo que Sarah era louca, e especialmente louca por homens, vou contar como as enfermeiras tentavam "curá-la". Elas a chamavam e diziam:

— Sarah, você não gostaria de ter um jovem simpático?

— Ah, sim, um homem jovem é bom — Sarah responderia em suas poucas palavras em inglês.

— E você não gostaria que a gente falasse bem de você para um dos médicos? Não gostaria de ficar com um deles?

E então elas lhe perguntavam qual médico ela preferia e a aconselhavam a se oferecer para ele quando a visitasse na ala, e assim por diante.

Eu estava observando e conversando com uma mulher de pele clara por vários dias, e fiquei sem saber por que ela havia sido enviada para lá, ela era tão sã!

— Por que você veio para cá? — perguntei-lhe um dia, depois de uma longa conversa.

— Eu estava doente — ela respondeu.

— Você está doente mentalmente? — continuei.

— Ah, não, o que lhe fez pensar assim? Estava com excesso de trabalho e desmoronei. Com alguns problemas com a família, sem um tostão e sem nenhum lugar para ir, solicitei aos comissários que me enviassem ao abrigo de pobres até que eu pudesse voltar a trabalhar.

— Mas eles não enviam pessoas pobres para cá, a menos que sejam loucas — eu disse. — Você não sabe que apenas mulheres loucas, ou aquelas supostamente loucas, são enviadas para cá?

— Soube depois que cheguei aqui que a maioria dessas mulheres são loucas, mas eu acreditei neles quando me disseram que para este lugar mandavam todos os pobres que pediam ajuda, como eu fiz.

— Como você tem sido tratada? — perguntei.
— Bem, até agora eu escapei de uma surra, embora tenha ficado enojada com a visão de algumas e o relato de outras. Quando fui trazida para cá, elas foram me dar um banho, e justamente a doença para a qual eu precisava ser medicada e que me fazia sofrer exigia que eu não tomasse banho. Mas elas o fizeram, e meus sofrimentos aumentaram muito ao longo das semanas seguintes.

A senhora McCartney, cujo marido é alfaiate, parece perfeitamente racional e não tem qualquer fantasia. Mary Hughes e a senhora Louise Schanz não demonstraram traços de insanidade.

Um dia, duas recém-chegadas foram acrescentadas à nossa lista. Uma delas, Carrie Glass, sofria de idiotia, e a outra era uma menina alemã de boa aparência que parecia bem jovem, tanto que, quando ela chegou, todas as pacientes falaram de seu semblante agradável e sua aparente sanidade. Seu nome era Margaret. Contou-me que era cozinheira e extremamente limpa. Um dia, depois que havia esfregado o chão da cozinha, as camareiras vieram e o sujaram de propósito. Ela ficou irritada e começou a discutir com elas; um oficial foi chamado e ela foi levada para o manicômio.

"Como podem me dizer que sou louca, só porque perdi a calma uma vez?", reclamou. "Ninguém se mantém calada quando fica brava. Suponho que a única coisa a fazer é ficar quieta e, assim, evitar os espancamentos que vejo as outras receberem. Ninguém pode dizer uma palavra sobre mim. Faço tudo o que me mandam, e cumpro todo o trabalho que me passam. Sou obediente em todos os aspectos, e faço tudo para provar a eles que sou sã."

Certa vez foi trazida uma paciente barulhenta, e a senhorita Grady deu-lhe uma surra que a deixou com o olho roxo. Quando os médicos perceberam e perguntaram se já estava assim antes de ela chegar, as enfermeiras disseram que sim.

Enquanto eu estive na Ala 6 nunca ouvi as enfermeiras se dirigirem às pacientes que não fosse para repreender ou gritar com elas, ou mesmo para provocá-las. Passavam a maior parte do tempo fofocando a respeito dos médicos e sobre as outras enfermeiras de uma maneira nada respeitável. A senhorita Grady quase sempre entremeava sua conversa com palavras de baixo calão, e geralmente começava as frases invocando o nome do Senhor. Os nomes pelos quais ela chamava as pacientes eram os mais baixos e profanos. Certa noite ela brigou com outra enfermeira enquanto jantávamos o pão, e quando a enfermeira saiu, a senhorita Grady a xingou de vários nomes e fez observações sujas a respeito dela.

À noite, uma mulher, que eu suponho ser chefe de cozinha dos médicos, costumava vir e trazer passas, uvas, maçãs e bolachas para as enfermeiras. Imagine os sentimentos das pacientes famintas enquanto elas assistiam às enfermeiras comerem o que lhes era um sonho de luxúria.

Uma tarde o doutor Dent estava conversando com uma paciente, a senhora Turney, sobre alguns problemas que ela tivera com uma enfermeira ou matrona. Pouco tempo depois fomos levadas para o jantar e a mulher que batera na senhora Turney, e de quem o doutor Dent falava, estava sentada à porta da nossa sala de jantar.

Num impulso, a senhora Turney pegou sua tigela de chá e, correndo porta afora, atirou-a na mulher que batera nela. Ouviram-se altos gritos e a senhora Turney voltou ao seu lugar. No dia seguinte, ela foi transferida para a "gangue da corda", que aparentemente era composta pelas mulheres mais perigosas e suicidas da ilha.

No começo eu não conseguia dormir e não queria mesmo, desde que pudesse ouvir algo novo. As enfermeiras da noite podem ter reclamado disso. De qualquer modo, uma noite elas entraram e tentaram me fazer tomar um gole de uma mistura "para me fazer dormir", segundo diziam. Eu disse a elas que não faria nada disso e elas foram embora para não voltar, assim eu esperava. Minhas esperanças foram em vão, pois em poucos minutos elas retornaram com um médico, o mesmo que nos recebeu em nossa chegada. Ele insistiu para que eu tomasse, mas eu estava determinada a não perder o juízo nem por algumas horas. Quando ele viu que eu não seria persuadida, foi bastante duro e disse que já havia perdido muito tempo comigo. Se eu não tomasse, ele o injetaria no meu braço com uma agulha. Ocorreu-me que, se ele o colocasse no meu braço, eu não conseguiria me livrar, mas se eu engolisse restaria uma esperança, então eu disse que tomaria. Cheirei a mistura e tinha um cheiro de láudano, uma dose enorme. Assim que eles deixaram a sala e me trancaram, tentei ver até onde meus dedos entrariam na garganta, e logo o sedativo foi fazer seu efeito em outro lugar.

Quero dizer que a enfermeira da noite, chamada Burns, na Ala 6, parecia muito gentil e paciente com as pobres e aflitas. As outras enfermeiras fizeram várias tentativas de conversar comigo sobre amantes e me perguntaram se eu não gostaria de ter um. Elas não me acharam muito comunicativa sobre esse assunto tão popular para elas.

Uma vez por semana as pacientes tomam banho, e essa é a única vez que veem sabão. Certo dia uma paciente me entregou um pedaço de sabão do tamanho de um dedal. Considerei um grande gesto de gentileza, mas achei que ela apreciaria mais o sabão barato do que eu, então agradeci, mas não o aceitei. No dia do banho, a banheira é enchida de água c as pacientes são lavadas, uma após a outra, sem troca de água. Isso é feito até que a água fique realmente espessa e só aí escorrem a água e a banheira é reabastecida sem ser lavada. As mesmas toalhas são usadas em todas as mulheres, tanto nas que têm erupções quanto nas que não têm. As pacientes saudáveis lutam pela troca da água, mas são obrigadas a se submeter aos ditames das enfermeiras preguiçosas e tirânicas. Os vestidos raramente são trocados mais do que uma vez por mês. Quando há visitas, eu já vi as enfermeiras apressarem-se e trocarem a roupa da paciente antes da chegada do visitante. Isso mantém a aparência de um tratamento bom e cuidadoso.

As pacientes que não conseguem cuidar de si mesmas ficam em condições animalescas, e as enfermeiras nunca tratam delas, mas mandam que algumas pacientes o façam.

Por cinco dias, fomos obrigadas a ficar na sala o dia inteiro. Eu nunca passei tanto tempo parada em um lugar. Estávamos rígidas, doloridas e cansadas. Ficamos nos bancos em pequenos grupos e torturávamos nossos estômagos pensando sobre o que comeríamos primeiro quando saíssemos. Se eu não soubesse o quanto estavam famintas, a conversa teria sido muito interessante. Mas da maneira como acontecia, isso só me deixava triste. Quando o assunto comida, que parecia ser o favorito, ficava ultrapassado, elas costumavam dar suas opiniões sobre a instituição e sua administração. A condenação das enfermeiras e da comida era unânime.

A cada dia a condição da senhorita Tillie Mayard ia piorando. Ela estava sempre com frio e não conseguia ingerir a comida fornecida. Dia após dia ela cantava tentando com isso manter a memória, mas por fim a enfermeira a fez parar. Conversava com ela diariamente, e me entristeci ao vê-la piorar de maneira tão rápida. Por fim, ela passou a delirar. Acreditou que eu estava tentando me passar por ela, e que todas as pessoas que pediam para ver Nellie Brown seriam na verdade amigas que procuravam por ela, e que, de alguma maneira, eu estava tentando enganá-las. Empenhei-me em argumentar com ela, mas vi que era impossível, então me afastei o máximo que pude para que minha presença não a deixasse pior, alimentando a fantasia.

Uma das pacientes, a senhora Cotter, uma mulher bonita e delicada, um dia achou ter visto seu marido chegando pela trilha. Ela deixou a fila em que estava marchando e correu para encontrá-lo. Por esse ato de insubordinação foi enviada para o Retiro. Mais tarde contou:

"Só a lembrança já é o bastante para me enlouquecer. Por ter chorado, as enfermeiras me bateram com um cabo de vassoura e pularam em cima de mim, ferindo-me por dentro, para que eu nunca me recuperasse. Então amarraram minhas mãos e meus pés e, jogando um lençol sobre minha cabeça, o torceram com força em volta da minha garganta, para que eu não pudesse gritar e, desse jeito, me colocaram em uma banheira cheia de água fria. Elas me seguraram até que se esvaíram todas as esperanças e eu desisti de lutar e perdi os sentidos. Outras vezes me puxavam pela orelha e batiam minha cabeça no chão e contra a parede. Depois, arrancaram meu cabelo pelas raízes, para que ele nunca mais crescesse novamente."

A senhora Cotter me mostrou as evidências de sua história, o amassado na parte de trás da cabeça e as partes nuas onde punhados de cabelos foram arrancados aos puxões. Conto sua história da maneira mais direta possível: "Meu tratamento não foi tão ruim quanto outros que eu vi por lá, mas isso arruinou minha saúde e, mesmo que eu saia daqui, ficarei um desastre. Quando meu marido soube do tratamento a que fui submetida, ele ameaçou denunciar o local se eu não fosse retirada de lá, então fui trazida para cá. Eu estou mentalmente melhor agora. O pavor que eu sentia já passou, e o doutor prometeu que vai deixar meu marido me levar para casa".

Conheci Bridget McGuinness, que me parece sã no presente momento. Ela disse que foi enviada para o Retiro 4 e colocada na "gangue da corda". "As pancadas que levei lá foram terríveis. Fui puxada pelos cabelos, mantida embaixo d'água até sufocar, fui estrangulada e chutada. As enfermeiras sempre deixavam uma paciente quieta parada na janela para alertar quando algum doutor se aproximava. Era inútil reclamar com os médicos, pois eles sempre diziam que era a imaginação de nossos cérebros doentes e, além disso, levaríamos outra surra por contar. Elas mantinham as pacientes sob a água e ameaçavam deixá-las morrer, caso não prometessem manter silêncio sobre o assunto para os médicos. Todas nós prometíamos, porque sabíamos que os médicos não nos ajudariam e faríamos qualquer coisa para escapar da punição. Depois de quebrar uma janela, fui transferida para o Albergue, o pior lugar da ilha. É terrivelmente sujo lá dentro, e o fedor é horrível. No verão, as moscas infestam o lugar. A comida é pior do que nas outras alas só nos dão pratos de lata. Em vez de as barras estarem do lado de fora, como na Ala 6, elas estão do lado de dentro. Há muitas pacientes quietas que estão lá há anos, mas as enfermeiras as mantêm para fazer o trabalho. Em uma das surras que recebi lá, as enfermeiras pularam em cima de mim e quebraram duas das minhas costelas."

Enquanto eu estava lá, uma bonita jovem foi trazida. Ela estava doente, e resistia a ser colocada naquele lugar sujo. Uma noite, as enfermeiras a levaram, e depois de baterem nela, a mantiveram nua em um banho frio e a jogaram na cama. Na manhã seguinte, a menina estava morta. Os médicos disseram que ela havia morrido de convulsões, e nada mais foi feito.

Eles injetam tanta morfina e sedativos que as pacientes acabam ficando loucas. Vi mulheres implorando por água por causa do efeito das drogas, e as enfermeiras se recusavam a dar; elas clamaram uma noite inteira por uma gota, e não lhes deram. Eu mesma chorei por água até minha boca ficar tão ressecada e seca que não conseguia falar.

Vi a mesma coisa na Ala 7. As pacientes pediam por uma bebida antes de se deitar, mas as enfermeiras — a senhorita Hart e outras — se negavam a destrancar o banheiro para que elas pudessem saciar a sede.

CAPÍTULO XV
INCIDENTES NO DIA A DIA DE UM MANICÔMIO

Há pouca coisa nas alas para ajudar a passar o tempo. Todas as roupas do manicômio são feitas pelas pacientes, mas costurar não distrai a mente. Depois de vários meses de confinamento, os pensamentos do mundo agitado tornam-se tênues, e tudo o que as pobres prisioneiras podem fazer é sentar e refletir sobre seu destino sem esperança. Nas alas superiores, pode-se ter uma boa visão dos barcos que passam e de Nova York. Muitas vezes tentava imaginar olhando, por entre as grades, as luzes que cintilavam debilmente na cidade, o que sentiria se ninguém viesse me libertar.

Observei pacientes em pé contemplando ansiosamente a cidade para a qual provavelmente jamais voltarão. Ela significava liberdade e vida; parecia tão perto, no entanto não estava mais longe do que o céu está do inferno.

Se as mulheres sentem saudades do lar? Tirando os casos mais violentos, todas têm consciência de que estão confinadas num manicômio. Um único desejo nunca morre: a liberdade de ir para casa.

Uma pobre garota costumava me dizer toda manhã: "Eu sonhei com minha mãe a noite passada. Eu acho que ela vem hoje e vai me levar para casa". Aquele único pensamento, aquele anseio, está sempre presente, ainda que ela esteja confinada há quatro anos.

Que coisa misteriosa é a loucura. Tenho observado pacientes cujos lábios estão para sempre selados num perpétuo silêncio. Elas vivem, respiram, comem; a forma humana está lá, mas aquela coisa indefinível, sem a qual o corpo não pode viver, que não pode existir sem o corpo, está faltando. Tenho me perguntado se por trás daqueles lábios selados haveria sonhos que não conhecíamos, ou se tudo era um vazio.

E tristes são ainda aqueles casos quando as pacientes ficam sempre conversando com interlocutores ausentes. Eu as via completamente inconscientes de seus arredores e absorvidas com um ser invisível. Também é estranho dizer que qualquer comando dado a elas é sempre obedecido, da mesma maneira que um cão obedece a seu dono. Um dos delírios mais dignos de pena, entre todas as outras pacientes, era o de uma garota irlandesa de olhos azuis que acreditava estar desgraçada para sempre por causa de alguma coisa que ela havia feito. Seu grito horrível, dia e noite, "estou desgraçada por toda a eternidade!", causava horror em minha alma. Sua agonia parecia um vislumbre do inferno.

Depois de ser transferida para a Ala 7, fui trancada todas as noites em um quarto com seis mulheres loucas. Duas delas pareciam nunca dormir, pois passavam a noite delirando. Uma se levantava da cama e se arrastava pelo quarto procurando alguém que ela queria matar. Não conseguia deixar de pensar em como seria fácil para ela atacar qualquer uma das outras pacientes confinadas. Isso não deixou a noite mais confortável.

Uma mulher de meia-idade, que costumava se sentar sempre no canto da sala, fora afetada de uma maneira muito estranha. Tinha um pedaço de jornal e nele lia continuamente as coisas mais maravilhosas que eu já ouvi. Eu sempre me sentava perto dela e ficava escutando. História e romance saíam igualmente bem de seus lábios.

Eu vi apenas uma única carta ser entregue a uma paciente enquanto estava lá. Isso despertou um grande interesse. Todas as pacientes pareciam sedentas de saber sobre o mundo lá fora, e elas se amontoaram ao redor da sortuda fazendo centenas de perguntas.

A chegada de visitantes suscitava bastante interesse e animação. A senhorita Mattie Morgan, da Ala 7, tocou um dia para o entretenimento de alguns. Estavam em torno dela até que alguém sussurrou que ela era uma paciente. "Louca!", dava para ouvi-los cochichar, enquanto recuavam e a deixavam sozinha. Ela estava encantada e ao mesmo tempo indignada com o episódio.

A senhorita Morgan, assistida por várias garotas a quem ela tem ensinado, faz a noite passar muito agradavelmente na Ala 7. Elas cantam e dançam. Muitas vezes, os médicos aparecem e dançam com as pacientes.

Um dia, quando descemos para o jantar, ouvimos um choro fraco no porão. Todas pareciam notar, e não demorou muito para que soubéssemos que havia um bebê lá embaixo. Sim, um bebê. Pense nisto: um bebê inocente nascido em uma câmara de horrores! Não consigo imaginar nada mais terrível.

Uma visitante que chegou um dia trouxe nos braços seu bebê. Uma mãe, que havia sido separada dos seus cinco filhos pequenos, solicitou permissão para segurá-lo. Quando a visitante quis sair, a dor da mulher foi incontrolável, porque ela implorava para manter o bebê que ela imaginava ser o seu. Isso agitou mais pacientes de uma maneira que eu jamais havia visto.

O único divertimento, se isso pode ser chamado assim, dado às pacientes do lado de fora é uma volta uma vez por semana, se o tempo permitir, no "carrossel". É uma mudança e, portanto, elas a aceitam com alguma demonstração de prazer.

A fábrica de escovas, a fábrica de capachos e a lavanderia são onde as pacientes calmas trabalham. Elas não recebem nenhuma recompensa, mas anseiam por isso.

CAPÍTULO XVI
O ÚLTIMO ADEUS

No dia em que Pauline Moser foi trazida, ouvimos os gritos mais horríveis que se pode imaginar, e uma garota irlandesa, parcialmente vestida, veio cambaleando como uma pessoa bêbada pelo corredor, gritando: "Hurra! Três vivas! Eu matei o demo! Lúcifer, Lúcifer, Lúcifer", e assim repetidamente. Ela puxava um punhado de cabelos, enquanto gritava, exultante: "Eu enganei os demônios. Eles sempre me disseram que Deus fez o inferno, mas não fez". Pauline ajudou aquela garota a tornar o lugar abominável, cantando músicas horríveis. Depois que a garota irlandesa já estava lá por mais ou menos uma hora, o doutor Dent chegou e, enquanto caminhava pelo salão, a senhorita Grupe sussurrou para a garota louca: "Olha lá o diabo chegando, vá atrás dele". Surpresa que ela desse tais instruções a uma mulher louca, eu esperava ver a criatura frenética correndo até o doutor. Felizmente ela não o fez, mas começou a repetir sua ladainha de "Ó, Lúcifer". Depois que o doutor saiu, a senhorita Grupe novamente tentou excitar a garota dizendo que o menestrel[6] na parede era o diabo, e a pobre criatura começou a gritar: "Você, demo, você vai ver só", então duas enfermeiras tiveram que sentar em cima dela para mantê-la no chão. As atendentes pareciam encontrar diversão e prazer em instigar as pacientes violentas a mostrar o seu pior lado.

Eu sempre fazia questão de dizer aos médicos que eu era sã e de pedir para ser libertada, mas quanto mais eu me esforçava para assegurá-los da minha sanidade, mais eles duvidavam.

---

6 *Caricaturas de pessoas negras na gravura que ornava a parede da sala.*

— Os médicos estão aqui para quê? — perguntei a um deles, cujo nome não lembro.

— Para cuidar das pacientes e testar suas sanidades — ele respondeu.

— Muito bem — eu disse. — Há dezesseis médicos na ilha e, à exceção de dois, eu nunca os vi prestando nenhuma atenção às pacientes. Como pode um médico julgar a sanidade de uma mulher apenas desejando-lhe bom dia e se recusando a ouvir seus pedidos de liberdade? Até as doentes sabem que é inútil dizer alguma coisa, pois a resposta é sempre que "é a imaginação delas". Tente todos os testes em mim — continuei — e me diga se sou sã ou louca! Teste meu pulso, meu coração, meus olhos; peça-me para esticar o braço, para mexer os dedos, como o doutor Field fez em Bellevue, e então me diga que não sou sã.

Eles não me davam atenção, pois achavam que eu delirava.

Mais uma vez eu disse para um deles:

— Você não tem o direito de manter uma pessoa sã aqui. Eu sou sã, sempre fui, portanto insisto num minucioso exame ou em ser libertada. Várias das mulheres aqui também são sãs. Por que elas não podem ser livres?

— Elas são loucas — foi a resposta — e sofrem de alucinações.

Depois de uma longa conversa com o doutor Ingram, ele me disse:

— Vou transferi-la para uma ala mais silenciosa.

Uma hora depois, a senhorita Grady me chamou para o corredor e, depois de me chamar por todos os nomes vis e profanos que uma mulher poderia se lembrar, ela me disse que era uma sorte para meu "couro" que eu tivesse sido transferida, senão iria pagar por me lembrar tão bem de contar tudo ao doutor Ingram. "Sua maldita petulante, esquece tudo sobre si mesma, mas nunca esquece nada na hora de contar ao médico." Depois de convocar a senhorita Neville, a quem o Dr. Ingram também havia gentilmente transferido, a senhorita Grady nos levou à Ala 7, no andar de cima.

Ali ficavam a senhora Kroener, a senhorita Fitzpatrick, a senhorita Finney e a senhorita Hart. Não vi tratamento tão cruel quanto os do andar debaixo, mas as ouvia fazer comentários torpes e ameaças, torcer os dedos e dar tapas na cara das pacientes indisciplinadas. A enfermeira da noite, Conway, acredito que seja este o nome dela, é muito zangada. Na Ala 7, se alguma das pacientes tivesse qualquer recato ou pudor, logo os perdiam. Cada uma delas era obrigada a se despir no corredor diante da própria porta, dobrar as roupas e deixá-las lá até de manhã. Pedi para me despir no meu dormitório, mas a senhorita Conway disse-me que se me pegasse fazendo isso me daria motivo para não querer repetir.

O primeiro médico que vi aqui, o doutor Caldwell, segurou meu queixo, e como eu já estava cansada de me negar a dizer onde era minha casa, só conversei com ele em espanhol.

A Ala 7 parece bem agradável para um visitante casual. É decorada com quadros baratos e tem um piano, o qual é presidido pela senhorita Mattie Morgan, que antes trabalhava em uma loja de música na cidade. A senhorita Morgan vem ensinando muitas pacientes a cantar, com algum sucesso. A artista da ala é Under, pronuncia-se "Wanda", uma garota polonesa. Ela é uma pianista talentosa quando resolve mostrar sua habilidade. Mesmo a música mais difícil ela lê só com uma passada dos olhos, e seu toque e sua expressão são perfeitos.

No domingo, as pacientes mais calmas, cujos nomes foram entregues pelas atendentes durante a semana, têm permissão de ir à igreja. Há na ilha uma pequena capela católica, e outros serviços religiosos acontecem por lá.

Um "comissário" veio um dia e fez as rondas com o doutor Dent. No porão eles encontraram metade das enfermeiras jantando, enquanto a outra metade tomava conta de nós, como sempre foi feito. Imediatamente deram ordens para mandar as enfermeiras de volta às suas funções até que as pacientes terminassem de comer. Algumas das pacientes tentaram falar sobre a comida não ter sal, mas foram impedidas.

O asilo de insanos da Ilha de Blackwell é uma ratoeira humana. É fácil entrar lá, mas uma vez dentro é impossível sair. Eu pretendia me infiltrar na ala das mulheres violentas, no Abrigo e no Retiro, mas quando ouvi o testemunho de duas mulheres sãs e pude entender como era, decidi não arriscar minha saúde — e meu cabelo —, então não fiquei violenta.

Já no fim da minha estada, eu estava excluída de receber visitas e, assim, quando o advogado Peter A. Hendricks veio e me disse que meus amigos estavam dispostos a cuidar de mim se eu preferisse ficar com eles a permanecer no manicômio, fiquei muito feliz em dar meu consentimento. Pedi a ele que me enviasse algo para comer assim que chegasse à cidade, e então esperei ansiosamente pela minha libertação.

A soltura veio mais cedo do que eu esperava. Eu estava na fila, durante a caminhada, e estava interessada em uma pobre mulher que havia desmaiado quando as enfermeiras tentavam obrigá-la a andar. "Adeus, estou indo para casa", eu disse para Pauline Moser, enquanto ela passava com uma mulher de cada lado. Com tristeza, fui me despedindo de todas que conhecia ao longo do meu caminho para a liberdade e para a vida, enquanto elas eram deixadas para trás, para um destino pior que a morte. "*Adios*", murmurei para a mulher mexicana. Beijei meus dedos como se o beijo fosse para ela, então deixei minhas companheiras da Ala 7.

Eu esperava tão ansiosamente deixar aquele lugar horrível, mas quando minha libertação veio e percebi que teria de novo a luz do sol para mim, senti certo pesar ao sair. Por dez dias fui uma delas. Ainda que pareça tolice, me sentia intensamente egoísta por deixá-las sozinhas com seus sofrimentos. Senti um desejo quixotesco de ajudá-las com compaixão e presença. Mas apenas por um momento; as grades foram abertas e a liberdade foi para mim mais doce do que nunca.

Logo estava atravessando o rio e chegando a Nova York. Eu era novamente uma mulher livre depois de dez dias no manicômio da Ilha de Blackwell.

CAPÍTULO XVII
A INVESTIGAÇÃO DO GRANDE JÚRI

Logo depois de me despedir do Asilo de Insanos da Ilha de Blackwell, fui convocada a comparecer perante o grande Júri. Atendi à convocação com prazer, porque desejava ajudar às filhas mais infelizes de Deus que deixara para trás como prisioneiras. Se eu não pudesse trazer-lhes a maior dádiva de todas, a liberdade, esperava que pelo menos pudesse influenciar os outros para tornar a vida delas mais suportável. Descobri que os jurados eram cavalheiros, e que não precisava tremer diante daquelas augustas presenças.

Eu jurei que minha história era "somente a verdade, nada mais que a verdade" e, em seguida relatei tudo — do Lar Temporário até a liberdade. O procurador adjunto Vernon M. Davis conduziu a investigação. Os jurados então requisitaram que eu os acompanhasse numa visita à Ilha, o que aceitei com satisfação.

Esperava-se que ninguém ficasse sabendo da nossa viagem à ilha, mas pouco depois de lá chegarmos veio ter conosco um dos comissários de caridade e o doutor MacDonald, da ilha Ward.[7]

Um dos jurados contou-me que, em conversa com um homem acerca da instituição, soube que eles foram alertados sobre a nossa chegada uma hora antes de desembarcarmos na ilha. Isso deve ter acontecido enquanto o júri examinava o pavilhão de loucos de Bellevue.

Aquela viagem para a ilha foi bastante diferente da minha primeira. Desta vez viajamos num barco limpo, enquanto o que eu havia utilizado antes, segundo disseram, estava em reparos.

Algumas enfermeiras foram examinadas pelo júri e fizeram declarações contraditórias entre

---

7 *Na ilha Ward, próxima à ilha de Blackwell (atual ilha Roosevelt), ficava o manicômio da cidade de Nova York, subordinado ao da Ilha de Blackwell.*

si, assim como contradisseram minha história. Confessaram que a visita realizada pelo júri havia sido discutida entre elas e o médico. O doutor Dent declarou que não tinha meios de confirmar se o banho era frio e a quantidade de mulheres colocadas na mesma água; e também que sabia que a comida não era o que deveria ser, mas que era devido à falta de recursos.

Sobre as enfermeiras serem cruéis com seus pacientes, ele teria algum meio de assegurar isso? Não, ele não tinha. Ele disse que nem todos os médicos eram competentes, o que também se devia à falta de meios para garantir bons médicos. Em conversa comigo, ele disse: "Fico feliz que tenha feito isso agora e, se soubesse o seu propósito, teria a ajudado. Não temos meios de saber como as coisas vão indo, a não ser da maneira que fez. Desde que sua história foi publicada, encontrei uma enfermeira no Albergue que colocava pacientes para vigiar nossa chegada, exatamente como você afirmou. Ela foi demitida."

A senhorita Anne Neville foi trazida ao nosso encontro, e eu fui à ala para encontrá-la, sabendo que a visão de tantos cavalheiros estranhos a excitaria, mesmo que ela fosse sã. Era como eu temia.

As atendentes disseram que ela seria examinada por vários homens e ela estava tremendo de medo. Embora eu a tivesse deixado apenas duas semanas antes, ela parecia ter sofrido de uma doença grave naquele intervalo, tão alterada era sua aparência. Perguntei se ela havia tomado algum remédio e ela respondeu afirmativamente. Então eu disse a ela que tudo o que precisava fazer era contar ao júri o que havíamos feito desde que fui levada com ela para o asilo, para que ficassem convencidos de que eu era sã. Ela só me conhecia como senhorita Nellie Brown, e ignorava totalmente minha história.

Não lhe pediram que jurasse, mas seu relato deve ter convencido todos os ouvintes sobre a verdade de minhas declarações.

"Quando a senhorita Brown e eu fomos trazidas para cá, as enfermeiras eram cruéis e a comida era ruim demais para ser ingerida. Não tínhamos roupas suficientes e a senhorita Brown pedia por mais o tempo todo. Eu a achei muito gentil, pois quando um médico prometeu a ela algumas roupas, ela disse que daria para mim. É estranho dizer que, desde que a senhorita Brown foi embora, tudo ficou diferente. As enfermeiras estão muito gentis e temos muito o que vestir. Os médicos vêm nos ver com frequência e a comida foi muito melhorada."

Será que precisávamos de mais evidências?

Os jurados, em seguida, visitaram a cozinha. Estava muito limpa, e duas barras de sal estava posicionadas ostensivamente logo perto da porta. O pão em exibição era lindamente branco e totalmente diferente do que nos era dado para comer.

Encontramos os salões em perfeita ordem. As camas estavam com o melhor aspecto em semanas e, na Ala 7, os baldes em que éramos obrigadas a nos lavar foram substituídos por bacias novas e brilhantes.

A instituição estava exposta e não foi encontrada nenhuma falha.

Mas as mulheres de quem eu havia falado, onde estavam? Nenhuma foi encontrada onde eu as havia deixado. Se minhas afirmações não eram verdadeiras em relação a essas pacientes, por que elas foram transferidas, para me impedir de encontrá-las? A senhorita Neville reclamou diante do júri de ser transferida várias vezes. Quando visitamos a ala mais tarde, ela voltou ao seu antigo local.

Mary Hughes, de quem eu havia falado como aparentemente sã, não foi encontrada. Alguns parentes a haviam levado embora. Para onde, eles não sabiam dizer. Quanto à mulher clara de quem falei, que foi enviada para cá por ser pobre, disseram que foi transferida para outra ilha. Eles negaram conhecer a mulher mexicana e disseram que nunca houve uma paciente assim. A senhora Cotter recebeu alta, e Bridget McGuinness e Rebecca Farron foram transferidas para outros alojamentos. A garota alemã, Margaret, não foi encontrada, e Louise foi enviada para outro lugar da Ala 6. Sobre a francesa Josephine, uma grande e saudável mulher, disseram estar morrendo de paralisia, e que não poderíamos vê-la. Se eu estava errada no meu julgamento da sanidade dessas pacientes, para que eu teria passado por tudo isso? Quando vi Tillie Mayard, ela havia mudado tanto para pior que estremeci quando a avistei.

Eu não esperava que o grande júri me apoiasse depois de ter visto tanta coisa diferente do que eu havia relatado durante minha passagem. No entanto os jurados ficaram do meu lado, e o relatório deles ao tribunal recomendou que fossem executadas todas as mudanças que eu propus.

Tenho um consolo pelo meu trabalho: com base na força da minha história, o comitê de orçamento atribuiu um milhão de dólares a mais em benefício dos insanos.

AN INSANE HALL.

POSITIVELY DEMENTED.

MADHOUSE

erience in the
and Asylum.

WOMAN.

for the

CALICO.

Story of
irl."

Troubles

e experiences of
Nellie Bly, who an
y deceiving the do

of the World's
Would Indic

fortun
Treat

BATHS
IC NUR

and A
eir Mis

NELLIE PRACTICES INSANITY AT HO

O ENIGMA DAS GAROTAS
*Algumas sugestões sobre
o que fazer com as filhas de Mãe Eva*

O que vamos fazer com nossas garotas?

Não me refiro às Madames Neilson, às Mary Andersons, nem às nossas Bessie Brambles ou Maggie Michaels;[8] não às nossas beldades ou herdeiras; nenhuma dessas; mas sim às sem talento, às sem beleza, sem dinheiro.

O que vamos fazer com elas?

---

8 *Celebridades da época retratadas nas colunas de moda.*

O "Pai Ansioso"[9] ainda quer saber o que fazer com suas cinco filhas. Ele bem pode se perguntar. As garotas, desde a existência de Eva, têm sido uma fonte de preocupação, para elas mesmas bem como para seus pais — e o que então deve-se fazer com elas? Elas não podem, ou não têm como, neste caso, casarem-se todas. Poucas, muito poucas, possuem a verve poderosa da falecida Jane Grey Swisshelm, e até mesmo para se tornar escritora, palestrante, doutora, oradora e editora é preciso ter primeiro dinheiro, além das habilidades. E o que vamos fazer com as pobres?

As escolas estão abarrotadas de professoras; as lojas, de vendedoras; as fábricas, de operárias. Há mais cozinheiras, arrumadeiras e lavadeiras do que há emprego para elas. De fato, todos os lugares que são preenchidos por mulheres estão abarrotados, e ainda assim há algumas garotas desocupadas, algumas com pais idosos dependendo delas. Não podemos deixá-las morrer de fome. Sabem lá aqueles que têm de tudo e do bom

---

9 *"Um pai ansioso" é como assinava o articulista do texto que provocou a resposta de Nellie Bly.*

nesta vida, o que é ser uma pobre trabalhadora, ocupando um ou dois cômodos nus, sem fogo o suficiente para mantê-la aquecida, com suas roupas puídas que se recusam a protegê-la do vento e do frio, e negando-se o alimento necessário para que seus pequenos não passem fome; temendo descontentar o senhorio para que ele não ameace pô-la para fora e venda o pouco que ela tem; implorando por qualquer trabalho que a pague o suficiente para manter os cômodos nus que ela chama de lar; sem ninguém para falar com ela de modo gentil, ou encorajador; nada para fazer a vida valer a pena? Se o pecado na forma de homem apresenta-se com um sorriso maroto e diz "não tema, suas dívidas serão pagas", ela não pode deixar seus filhos morrerem de frio ou fome e, por isso, cede. Bem, quem é que pode culpá-la? Será você, que tem uma casa confortável, um marido amoroso, crianças robustas e saudáveis, amigos queridos — é você quem vai atirar a primeira pedra? Tem de ser assim, certamente a pedra não será atirada por alguém em situação semelhante à dela. Não só as viúvas, mas as pobres solteiras precisam de emprego. Talvez o pai esteja morto ou a mãe esteja desesperada, ou vice-versa; ou talvez ambos estejam dependendo do auxílio dela, ou ela seja de todo órfã,[10] como costuma ocorrer.

Garotas são mal pagas

O que ela deve fazer? Talvez ela não tenha a vantagem de uma boa educação e, em consequência, não pode ensinar; ou, assumindo que ela seja capaz, a garota que não precisa tanto, mas tem amigos influentes, têm a preferência. Deixe que ela assuma uma posição de vendedora: o salário não dará nem para a comida, sem falar do aluguel e das roupas. Deixe que ela vá para uma fábrica: o pagamento pode, em alguns casos, ser melhor, mas das sete da manhã às seis da tarde, com exceção de meia hora ao meio-dia, ela está trancafiada em um lugar barulhento e impróprio. Quando as tarefas do dia chegam ao fim, com pernas bambas e a cabeça doendo, ela apressa-se para voltar a um lar triste. E como ela anseia pelo

---

10 *Nellie ficou órfã de pai aos seis anos e o desastroso segundo casamento da mãe causou a ruína financeira da família.*

dia de pagamento, já que aquela migalha significa tanto para aquele lar. Assim, dia após dia, semana após semana, doente ou disposta, ela trabalha para poder viver. E o que vocês borboletas da moda, damas do lazer,[11] pensam disso? Ela não fica famosa ao fugir com o cocheiro; ela não abraça e beija um cãozinho pug nem julga as pessoas pela roupa que usam ou a gramática; e algumas delas são damas, perfeitas damas, mais do que muitas das que têm todas as vantagens.

Alguns podem dizer: "bem, essa gente está acostumada com isso, não se importa." Ah, sim, que os céus tenham piedade. Na maioria dos casos estão acostumadas. Pobrezinhas jogadas nas fábricas, antes de chegar à adolescência, para auxiliarem uma mãe viúva, ou talvez o pai seja um bêbado que fugiu. Bem, elas estão acostumadas com isso sim, mas se importam. Vão logo ver que você puxou seu vestido para que elas não o toquem; vão logo ouvir seus comentários

---

11 *Durante o período em que trabalhou no* Pittsburgh Dispatch, *contratada justamente por conta desta carta, Nellie foi confinada a escrever artigos de moda e cuidados do lar, justamente para um público de "borboletas da moda".*

levianos e a risada sarcástica sobre o jeito delas se vestirem, e elas se importam tanto quanto você se importaria, talvez mais. Logo aprendem sobre a vasta diferença entre você e elas. Muitas vezes pensam na sua vida e a comparam com a delas. Leem sobre quanto custa seu cãozinho pug e sobre o que essa vasta soma em dinheiro poderia fazer por elas — pagar o médico do pai, comprar um vestido novo para a mãe, sapatos para os pequeninos — e imaginam como seria bom se o bebê pudesse ter o caldo de carne que foi preparado para seu pug preferido, ou receber o carinho e a gentileza que você dedica a seu cãozinho.

Mas o que fazemos com as garotas? O senhor "Observações Quietas"[12] diz "na China matam as bebês meninas. Quem sabe este país terá que recorrer a isto algum dia". Não seria isso um bem, já que em alguns casos salvaria uma vida de sofrimento e pecado e muitas almas perdidas?

---

12 *Como assinava outro dos missivistas misóginos que publicaram no jornal sobre a "questão" feminina.*

Se as garotas fossem garotos

Se as garotas fossem garotos, logo iriam dizer que, não importando de onde comecem, elas podem, se forem ambiciosas, ganhar fama e fortuna. Tantos grandes e ricos homens que conhecemos começaram do nada; mas onde estão as tantas mulheres? Um jovem pode começar trabalhando como moço de recados e trabalhar seu caminho até o topo. As garotas são tão espertas, e um bocado mais rápidas em aprender; então porque não podem fazer o mesmo? Todas as ocupações para mulheres já estão preenchidas, então porque não começar algumas novas? Em vez de colocar as meninas nas fábricas, que elas sejam empregadas na posição de garotas de recado ou contínuas. Seria mais saudável. Teriam uma chance de aprender; as ideias delas ficariam mais amplas e elas se tornariam mulheres tão boas, se não melhores, no final. É opinião geral entre os lojistas de que as mulheres são as melhores vendedoras. Porque não enviá-las em navios mercantes? Elas conversam tão bem quanto os homens — ao menos os homens afirmam ser fato notório que elas falam bem mais e mais rápido. Se a habilidade delas em vender excede a dos homens em casa, também não excederia no exterior? Suas vidas seriam mais brilhantes, sua saúde melhor, suas carteiras mais cheias, a não ser que os empregadores fizessem como fazem agora — dão-lhes metade do salário porque elas são mulheres.

Tenho em mente um incidente que aconteceu em nossa cidade. Uma garota foi contratada para preencher uma vaga que sempre fora ocupada por homens que, pelas mesmas funções, recebiam dois dólares por dia. Seu patrão declarou que nunca teve ninguém naquele cargo tão preciso, ágil e satisfatório; no entanto, como ela era "só uma garota", ele dava a ela cinco dólares por semana. Alguns chamam a isso de igualdade.

A função de um condutor de um vagão de luxo é fácil, limpa e bem remunerada. Porque não colocam garotas para fazer isso? Elas fazem muitas coisas que são mais difíceis e trabalhosas.

Dê uma chance às garotas

Elas também podem fazer o trabalho e, como observou um cavalheiro, "teria um efeito purificador na conversa". Algumas pessoas afirmam que não se deve colocar mulheres em lugares onde não estejam protegidas. Uma mulher de verdade, sendo uma vendedora viajante ou ocupando uma função similar, irá se proteger não importa onde esteja — com a mesma facilidade na estrada quanto atrás do balcão; tanto no vagão quanto no escritório ou fábrica. Em tais posições, recebendo salário dos homens, ela se sentirá independente, vai poder tomar conta de si. Acabou a aflição e a fome, acabou o trabalho duro para ganhar pouco; em suma, ela seria uma mulher que não estaria tão sob o risco de descumprir os deveres para com a própria feminilidade como aquela afligida pela pobreza e sem meios de se sustentar. Eis um bom campo para aquelas que acreditam nos direitos das mulheres. Que elas ponham de lado as palestras e a escrita e vão ao trabalho: mais trabalho, menos conversa. Peguem algumas garotas que tenham a habilidade, consigam uma situação para elas, deem a partida no caminho delas, e, ao assim fazer, alcancem mais do que em anos de conversas. Em vez de arregimentar os "jovens realmente espertos", arregimentem *as* jovens realmente espertas, tirem-nas do atoleiro, deem-lhes um empurrão na escada da vida acima, e sejam duplamente recompensados tanto pelo sucesso delas quanto por ser sempre lembrados como os que estenderam a mão para ajudar.

Ainda que isso soe visionário, aqueles que estão interessados na humanidade e se perguntam o que fazer com as garotas, podem tentar. George M. Pullman tentou e foi bem sucedido em melhorar essa classe mais pobre.[13] Alguns de nossos cidadãos com o bolso cheio poderiam tentar só para variar, pois, como dizem, "a variedade é o tempero da vida". Todos nós gostamos do "tempero da vida": ansiamos por ele, exceto quando vem na forma de um ensopado de batatas à mesa da pensão em que moramos. Temos que falar sobre diversão para nossas garotas, depois que tivermos encontrado empregos para elas.

GAROTA ÓRFÃ
The Pittsburgh Dispatch, 25 de janeiro de 1885

---

13 *George M. Pullman, construtor de vagões dormitórios, foi pioneiro em oferecer empregos a mulheres, em posições como a de condutoras de vagão (como Nellie mencionou).*

Editora	Carla Cardoso
Capa	Rafael Nobre
Tradução	Carla Cardoso e Julio Silveira
Revisão	Fernanda Silveira

Dados Internacionais de Catalogação na Publicação (CIP)
(Câmara Brasileira do Livro, SP, Brasil)

Bly, Nellie, (1864-1922)

Dez dias no manicômio / Nellie Bly; [tradução Carla Cardoso]. — Rio de Janeiro : Livros de Criação : Ímã editorial : Coleção Meia Azul 2020, 206 p; 18 cm.

Título original: Ten days in a mad-house
ISBN 978-85-86419-05-4

1. Bly, Nellie, 1864-1922 2. Hospitais psiquiátricos - Nova York (Estado) - História - Século 19 3. Lunatic Asylum - Nova York (Estado) 4. Mulheres - Pacientes - Nova York (Estado) - História - Século 19 5. Mulheres - Saúde mental - Serviços - Nova York (Estado) - História - Século 19 I. Título.

20-41740   CDD 362.2109747

Índices para catálogo sistemático:
1. Romances : Literatura norte-americana   813
Cibele Maria Dias - Bibliotecária - CRB-8/9427

Ímã Editorial | Livros de Criação
www.imaeditorial.com.br